美的曙光

蔣勳

自序

蔣勳

在洪荒的大地上，人類搖搖擺擺站立了起來——遙望著遠遠的地平線，遙望著遠遠的遼闊的地平線，遙望著遠遠的破曉前大地上初初透出的曙光。

將要黎明了，一輪紅日將從大地上升起，那個以後被漢字寫作「旦」的形象，原來正是太陽從大地上升起的畫面。

我們叫做「元旦」的那個日子，是一年三百六十五天中的第一個黎明、第一個日出、第一個充滿朝氣與喜悅的日子。日出之前，有許多眼睛凝視著大地，凝視著一條廣闊的地平線，凝視著愈來愈盛大的黎明的光。從暗紫墨黑中逐漸透露出的金黃、魚肚白、玫瑰的粉紅，那被叫作「曙光」的時刻，正是夢想與渴望的時刻。

在尼羅河的兩岸，有鷺鷥鳥飛過。曙光微明，河岸邊有人裁切著堅硬的花崗岩，在整座巨大的岩壁上鑿出一個一個小孔，在小孔裡塞進木塞。等距離的小孔，都放進了木塞。木塞浸水，逐漸膨脹，沿著石壁的紋理，整塊岩石如刀切一樣裂開了。整整齊齊、方方正正的一塊石頭，沿著河流，在編排的木筏上漂流，運送到河谷兩岸去建造金字塔，建造獅身人面，在最堅硬的石塊上琢磨出「神」的容貌。獅身人面的巨大石雕，凝望著遠處地平線上微微透出的破曉曙光。

在底格里斯河與幼發拉底河的中間形成了「肥沃月灣」，一片如同新月般的沃土。長腳的鷺鷥鳥在水湄尋找食物，河邊的居民用手圈著濕軟的泥土，把泥土搓成條狀，一圈一圈盤起來堆高，形成一個中空的罐子，把濕軟的罐子陰乾了，再拿到柴火中燒，燒成素坯。他們在素坯上用筆沾了有顏色的化妝土，在罐子上畫出了一隻一隻的鷺鷥鳥。長長的脖子，長長的腳，遠看著彷彿只是一條條直線，近看那些鷺鷥鳥就活了起來，仍然在水湄邊找魚。

鷺鷥鳥沿著河流移動，在印度河谷找到了棲息之所，仍然目不轉睛，盯著河水中閃爍的魚蹤。

一個婦人在河水中漂洗著長纖維的棉花，銀白色的花的纖維像她的頭髮，在曙光裡發亮。她把棉花的纖維鋪在河岸邊的石頭上晾曬，拆下頭上髮髻上插著的一支骨簪，把頭髮散開，也在河水中飄蕩。

鷺鷥鳥飛來，以爲是魚，以爲是水草上閃爍的魚群。

婦人唱起了歌，鷺鷥鳥飛走了。

天空的藍如同寶石，上面浮著一朵一朵白雲。

白雲多麼像剛採收下來的棉花，蓬蓬鬆鬆，放在皮膚上感覺到曙光的溫度。

婦人把棉花搓成一股一股，用一股一股的棉線紡織出布匹，用布匹圍成一條裙子。

美，在人類歷史破曉的時刻，被明亮的曙光一一照亮了。

那些裁切開的石頭——

那些用手盤築出來的泥土——

那些被編織起來的草繩、棉花或竹片——

那些被敲打成形的金銀的花紋——

人類的手是一切美的起點，在曙光照耀下，一雙雙的手開始了玉石雕刻，陶土摶揉，開始了編織，開始了「切」、「磋」、「琢」、「磨」。

孔子喜歡玉，喜歡玉是經由「切」、「磋」、「琢」、「磨」完成的晶瑩圓潤。

他喜歡把玉佩在身上，記憶著古老初民在歲月曙光中的夢想與渴望。

在黃河的兩岸，長江的兩岸，都有一個一個的聚落，用自己的手，「切」、「磋」、「琢」、「磨」，使岩石從粗糙變得細緻，從冰冷變得溫潤，從沉重變得輕盈，從大荒中一塊無知的頑石，變成沁透了人的精魂血汗的寶玉。

玉石文化便成爲黃河、長江兩岸曙光裡最早的美學記憶。

談藝術史，我喜歡上古的一段，喜歡那初露曙光時初民單純的創造。單純，卻是一切的開始。

一個上古的玉璧，在玉石上確定一個「圓」的渴望。這「圓」，是每一天的日出，是每一個月的月圓。

現實無論多麼殘缺不全，心中都要有「圓」的期待。

所以天子要雙手捧著圓形的玉璧去禮天，「圓」是期待、是祈願，「圓」也是祝福、感謝與懷念。「圓」，是沒有遺憾。

曙光的時刻，沒有文字的年代，沒有金屬的年代，河流兩岸的居民用雙手製作出一片一片的玉璧，完成他們要傳承的「圓」的信念。曙光初期，他們撫摸著完成的「玉璧」，對著天空將要出現的「日輪」，知道「圓」是「周而復始」，知道「圓」是「圓滿」，「圓」是「團圓」。因此，「圓」就不只是設計出的造型，而是萬民的嚮往。

我時時回到曙光初明微亮的時代，重新理解「美」在那渾沌茫昧歲月中的意義。

二〇〇九年四月十日

目錄

第一講

創世紀——藝術的誕生

在那個時候，
人類用他的手去創造萬事萬物，
也用那手去指點了天上的星辰，
然後，開始有了許多故事，
在人間流傳。

回到文字以前

討論「美」，總讓人覺得有些抽象，不夠具體。

因此，我們應該將「美」拉回到歷史、拉回到社會、拉回到人類文明發展的過程來看「美」的演變。

「美」最早的起源及萌芽，又是什麼？

談到歷史，我們先從「史」這個漢字來看。「史」是個象形字，是人的手抓了筆正在記錄東西，表示那時候人類已經有文字了。然而文字的誕生，距離現在不過五千年而已。

因此，過去我們探討「藝術」，大概都追溯到人類有文字紀錄之後。如中國的「甲骨文」，美索不達米亞的「楔形文字」，或埃及「方尖碑」上的文字。埃及的古文字距今約五千到六千年前，埃及人將文字刻於石頭雕成的柱狀方碑上。那些文字看起來很像圖像，有貓頭鷹、魚、蛇等類似圖像的文字。因此很多人初看以爲埃及的文字是象形文字的一種。但是我去過埃及以後，慢慢地了解到其實埃及的文字仍屬於拼音文字的體系。方碑上的每一種動物圖案，其實都是用一個個拼音字母拼成的。

人類擁有文字的歷史，只有五千年。但我們對於「歷史」的概念，應該推到沒有文字歷史之前的「史前時代」。這段時間由於缺乏文字紀錄，我們對於當時人類行爲的感知是一片茫然與空白。但沒有文字以前，人類的手其實已經能做很多的工作了。

爲什麼呢？我們可以追溯陶器。談到陶器，我們知道埃及人作陶、希臘人作陶、兩河流域的人作陶，還有在中國的黃河、長江流域也都發現了陶製工藝的遺跡。

陶罐，是人類用雙手將泥土揉捏製成，放在火裡燒，然後在表面加一些彩色的化妝土畫出圖像裝飾而成。人類製作陶器的時間可以推到距今八千年到一萬年前。因此，陶器的出現比人類文字的出現還要更早。

所以我們可以說，要研究文化史、藝術史，我們不應該被歷史的文字脈絡所侷限，而是要再往前看。

若我們用距今一萬年來斷定「陶器時代」的出現，那麼，前面還有一段時期便是我們所說的「石器時代」。

「史」的象形文字

「石器時代」的人用雙手打造石頭，做出很多不同的工具。這個時期比「陶器時代」更漫長；長到什麼時候，有時候滿讓一般人驚訝的。如我們過去讀書讀到的「周口店人」、「山頂洞人」，或者民國初年在北京發現的「北京人」，距離現在都已經有三十五萬年到五十萬年左右，他們都比距今一萬年前的「陶器時代」還要更久遠漫長。

考古學家不斷努力挖掘的結果，在最新的資料中，我們又發現了比五十萬年前更早的，距離現在已有一百七十萬年的古代文化：例如在雲南的「元謀」，我們又發現了距今最早的「猿人」蹤跡。

「人」「獸」之別

我們稱「猿人」，意思是指他還是遍體長毛的猿猴，但又有部分人類的徵兆出現。

猿猴是靈長類，靈長類有一個特別的現象，就是「直立」。而我們一般能看到的動物，包括家裡的寵物貓、狗，牠們的脊椎卻都是橫的。

人類能用各種的方法讓動物「直立」，如馬戲團的訓練，或是在家逗貓、狗站立。牠們可以站起來，可是站不久。即使馬戲團用「威脅」的方法，用電擊讓獅子、老虎、熊，甚至大象站起來，可是牠們也都站不久。但我們看到靈長類最大的特徵就是脊椎能夠直立。

人類之所以稱自己爲「人類」，就是因爲「人類」比能直立的靈長類還有更進步的發展。

若要定義什麼是「人」，並沒有一套很完善的標準，但有一個定義是非常清楚的，那就是「人是堅持脊椎直立的一種高等動物」。在猿猴身上，大家是否發現，卽使牠能夠直立，但牠們在奔跑的時候還是使用四肢；甚至大部分的時間都能站起來的「猿人」，牠們在奔跑的時候還是又恢復使用四肢的動物本性；牠的前肢還是用來行走，並承擔牠身體的重量。

可是我們觀看人類身體的動作。卽使人類在跑步的時候，還是使用下肢。這個現象就是人類具備「創造」的開始。

爲什麼這麼說？

當人脊椎直立之後，一般動物稱之爲「前肢」的東西就不再是「前肢」了，它不再負責行走，也不負責承擔身體重量，它有了一個新的名稱叫做「手」。「手」是所有的動物中都沒有的。卽使猿猴已經發展出部分手的功能（如猴子剝香蕉的動作），可是猿猴的手，還是比不上人類。

仔細想想，人類的手還眞創造出許多不得了的東西來：做家具、寫字、食物料理等等。因此「手」的出現跟「創造」有著最大的關係。

所以，從「藝術史」的角度來看，我們回溯到一百多萬年前，這是人類開始將前肢進化爲手，脫離動物性的階段。然後他的手，可以觸碰所有的物質，可以開始編織纖維，可以打砸石塊，可以用泥土做出各種不同形狀、造型。這個時候我們說，人類的「藝術史」已經開始了。

「藝術」，開始於人類的「手」對物質（石、泥土、纖維）的利用與創造。

脊椎直立的意義

人類的直立現象，從生物的歷史演變來看，是一個驚人的進步。但是大部分的人並不覺得「站著」，是多困難的事。

嬰兒生下來以後，只能在地上爬，但是爬沒有多久（大概一歲左右）就可以直立了。這時候他開始用他搖搖擺擺的、還站不穩的雙腿，要試著「走」了。

人類的嬰兒時期，大概還回憶了爬的階段。但是等他找到自己直立的平衡點之後，他就開始堅持這個動作，成爲自己身體固定的姿態。我們可以回憶人類的歷史，除非他被敵人屈服，或者在讓他最感動的人事物面前（例如宗教力量的感召時）會跪下來，否則他再也不會跪下去。他不隨便跪下去，因爲這個動作不是人所堅持高貴的行爲。因此，我們可以發現「跪」「爬」這些動作，慢慢跟「直立」分開了。

脊椎直立是非常困難的一件事，我們平時不覺得，但是當自己身體出現病痛的時候就會感覺到。如我們常常聽到的「坐骨神經痛」，其實就是「椎間盤」被壓迫（「椎間盤」是脊椎與脊椎之間的軟墊），觸碰到旁邊的神經而開始刺痛。這時候醫生會告訴你：「所有的動物世界當中都沒有這個病，除了人類。」

如果脊椎是橫向的，它並不會產生壓迫現象。只有直立以後，人的脊椎才會產生壓迫。發生這樣的病症之後，人才會開始問自己：「爲什麼要堅持站起來？」

人類把所有身體的重量壓在下肢，其實是非常困難的動作，可是他竟然堅持這才是他要的動作。我們唯一的思考方向是：直立之後，他的上肢不再承擔身體的重量了，所以我們的手才能夠進化。我們提到手的時候，不見得會思考到手對人類歷史有什麼重要性，但如果我們觀察家裡的寵物，你會發現牠沒有人類的手，更沒有手指觸覺上的發展，而牛、馬、豬更不用說了，因爲牛、馬、豬的前肢我們稱爲「蹄」，「蹄」的構造更單純，只是一種承擔重量的東西罷了。

空出雙手開始

只有靈長類才可能把蹄狀的動物前肢分化爲很多小小的、纖細的手指。手指是人類創作的觸鬚，它像昆蟲的觸角、觸鬚那麼敏銳。它們是小小的雷達發報站，可以探索各種訊息。如我們觀察螞蟻行走時，牠就是用觸鬚不斷去轉動，感知牠周遭的空間。

人類的手指也是如此，經由感覺的傳遞，手指可以創造出非常多的東西。人類直立以後，空出了雙手，然後他懂得開始去觸碰。他走向一棵樹，感覺到樹皮；然後他試著去攀爬，「抓」

住樹枝，終於爬到這棵樹上。攀爬的過程中，他看見滿樹纍纍果實，然後他用手去感覺一顆果實飽滿的重量，並且把這顆果實摘下來。

而「摘」的動作也不是很多動物可以做到的。也許要到了猿人的階段，手才能「摘」這個果實，也才擁有了「握」的能力。「抓」、「摘」、「握」都使人類的手進步。

如果在一個人面前放了一盤像櫻桃、葡萄顆粒般的水果，你會發現，如果是兒童，他就是用手去「抓」，這個動作會有點像猿猴的動作。但如果他是個成人，約莫十歲以後，人就懂得用食指跟大拇指去「捏」這個東西來吃。

我們注意一下：所有動物中，沒有一種動物能用食指跟大拇指輕輕捏著東西吃。

我希望藉這件事來說明，人類的手是驚人的進化；人類手的許多動作，絕對是其他動物做不出來的。

我們常常說，「人爲萬物之靈」，但這個「靈」怎麼去證明？我們要從人類的歷史及藝術史中去觀察，才知道人類的進步跟其他動物差距這麼大。更何況當我們寫字時，手握筆的運動，僅僅是指尖那麼細膩、微小的動作，卻可以記錄非常多而複雜的線條跟造型。再思考一下，這個動作也是所有的動物所無法完成的，包括剛剛說過靈長類猿猴，也不可能拿著筆做文字的書寫記錄。

所以我們會發現：人類「手」的能力標誌出了人的價值。

這就是我們要談的創造的開始。

宇宙創造了萬物，但是萬物之中，卻只有人能進化到擁有「創造」的能力。一般動物只是憑著本能生存，如鳥類銜草做成鳥巢，或者是蜜蜂用分泌物混合泥土做成蜂巢，這種築巢的能力就是這樣固定著，幾百萬年來都不曾改變，牠們無法擁有超越本能的創造力。

而人類最早創造居所的「有巢氏」，最初可能是模仿蜜蜂的巢，可能是模仿螞蟻的巢，也可能是模仿鳥巢。但我們思考一下，今天的人類建築藝術發展到什麼樣複雜的狀態？

唯有人類，可以從起點一直進步、一直進步，進步到蓋一百層結構材料如此複雜的摩天大樓。我們居住的環境，從有巢的「巢」，能跨越到現代多樣化的建築風格，這就是人在「創造」上的意義。而我們也必須回到最初「手的進步」這個原點，才可以分析「美」和「藝術」在人類發展過程裡所扮演的重要角色。

Chaos，世紀最初的渾沌

很多古老民族的歷史裡，都會有一部「創世紀」的經典。特別是信仰基督教的朋友所知道的希伯來（Hebrews）經典《舊約聖經》，其中第一章就是〈創世紀〉。

〈創世紀〉是希伯來民族在洪荒之間，去思考宇宙從何而來？爲什麼有了地球？爲什麼有了日月？爲什麼有了天地？爲什麼有了陸地和海水？爲什麼有了光明和黑暗？爲什麼大地上奔跑著野獸？爲什麼河裡游著魚？爲什麼遍布著滿天的星辰？

當然最重要的是，爲什麼有了人類？

這些疑問其實是所有的民族在洪荒中都會思考的問題，希伯來人爲了要解答這樣的問題，最後就留下了一篇篇重要的〈創世紀〉。

信仰基督教的朋友在閱讀《舊約聖經》時，對〈創世紀〉一定有豐富的了解。希伯來民族相信在天地之初有個神——耶和華，在宇宙還是一片渾沌的時候創造了萬物。

「渾沌」的概念存在於希伯來的語言當中，也存在於中國古代的故事當中。

莊子也認爲宇宙的起點是一片渾沌，那是個不清楚的、什麼東西都還沒有分開、有點朦朦朧朧、模模糊糊、類似大氣團的狀態，然後從渾沌之中開始有了生命的產生。所以莊子講的「渾沌」概念就被翻譯成「Chaos」，意指宇宙誕生最初的狀態。

前面提到，希伯來人認爲在渾沌之初，「耶和華」創造了萬物。經由「祂」的創造：第一天，分出了日夜；第二天，有了水與陸地；每一天都創造出宇宙新的現象，祂讓魚游在海洋之中，讓大地上生長各種樹木。到了第六天，〈創世紀〉說，耶和華以自己的形象，用泥土捏了一個人出來，然後賦予他生命。這個泥人就是第一個人類，也是第一個男人——亞當。然後祂又從亞當的肋骨抽了一根出來，把它化成一個女人——夏娃。到第七天，祂累了，於是有個休息日，也就是現在的禮拜日。這就是《舊約聖經》創世紀的故事。

直到現在，我們還依循著希伯來人創世紀中，以每週七天為循環的方式生活著。在古代，其他民族並沒有每週七天的文化，但今天「一週七天」這種文化，已不只是希伯來的創世紀故事了，這個故事影響了全世界。

我們到梵蒂岡參觀著名的聖彼得大教堂，裡面有個西斯汀禮拜堂（Sistine Chapel），西斯汀禮拜堂屋頂上繪有文藝復興時期最有名的藝術家——米開朗基羅的壁畫作品，壁畫的內容就是創世紀的故事。然後你可以很清楚看見，米開朗基羅把聖經裡希伯來的故事分成九塊方格，像連環圖一樣，畫出耶和華所創造出來的宇宙萬物。

埃及也有自己的創世紀。埃及人認為的宇宙之初，有一對兄妹：奧西里斯（Osiris）跟伊西絲（Isis），他們最後結為夫妻，生下名叫荷魯斯（Horus）的兒子。這位荷魯斯就是我們到埃及旅行時，常常可以看到的那位「鷹頭人身」法老王的雕像。

從「野合」到「婚配」

創世紀的故事，是人類文明發展到了比較晚的階段才出現的。所謂比較晚的階段就是人類開始有了婚配制度的觀念。

人類早期在曠野中並沒有婚姻的觀念，就像中國古書《白虎通義》所說：「民人但知其母，不知其父。」這句話意思是，古時孩子生下來只知道母親，但不知道父親是誰。這說明了古代先民的性生活是「雜交」的方式，還沒有形成固定的婚姻制度。所以古時候才會有「母系社會」——以母親爲中心的社會制度。

除了「不知其父」的「雜交」外，古時還有一種婚姻制度是「血緣內婚」，這表示他們可能是兄妹通婚，甚至是父女通婚或母子通婚。

埃及古王國時代就有非常多這樣的現象。如埃及最有名的法老拉姆西斯二世（Ramesses II），他有一百多個孩子，其中有很多就是他跟他的妹妹甚至女兒生的。現在我們當然很訝異血緣內婚的存在，但早期人類不知道在生理學上，近親通婚可能會產生不健康的異變，所以用「血緣內婚」維持血統的純正。

而「血緣外婚」，也就是避免和近親通婚的觀念，是人類後來才發展出來的。然而這個現在被普遍接受的觀念，它的歷史其實並不長久，大約是直到四、五千年前才發展出來的。

盤古開天地

中國的創世紀故事則非常獨特。

希伯來的創世紀裡，有亞當、夏娃；埃及的創世紀裡，有奧西里斯、伊西絲。兩性的婚姻最後產生了人類、創造了歷史。但中國的創世紀裡最早開天闢地的只有一個叫做「盤古」的神。

現在我們所寫成的「盤古」，在古代的紀錄裡有許多不同的寫法，所以我們推測在古代「盤古」可能只是一個發音。他是一個神話、一個藉由口傳的傳奇故事。因此記錄的人才會用不同的文字去記錄「盤古開天」的故事。

故事中，其實也沒有告訴我們「盤古」的性別。他誕生在宇宙一片渾沌之時，並努力對抗這個渾沌。

那個時候，天地不分，像胎兒在母親子宮裡，還不懂得天與地，黑暗跟光明。所以「盤古」覺得很不舒服，因爲他的身體被擠壓在一片渾沌中。他努力生長著，一直長大、一直長大，然後分出了上跟下，天與地。中國古代的歷史說盤古開天之時「上清爲天，下濁爲地」，意思指：空靈、光明的部分上升，變成了天；沉重的、混濁的部分下沉，則變成了地。

然後，盤古的身體一直長、一直長，天地漸漸被他隔開了。他的身體不斷長大，大到瀰漫在廣大的天地之間。最後，他耗盡所有的力氣生長，倒下來死亡了。

真正的不朽

盤古的身體倒在大地之後，他的左眼變成太陽，右眼變成月亮；他遍身的肌肉變成大地的泥土，他的血管流成了黃河和長江；他的骨骼變成了山脈的起伏，他身上所有的毛髮變成了叢林和草原。

這個故事非常特殊，因爲它和希伯來人的創世紀、埃及的創世紀都非常不同。盤古的故事強調的是：肉體死亡解散後，才是生命眞正傳承的開始。

所有創世紀的故事都保留著古代人類對文明之始的看法。有些民族是非常恐懼死亡的，比如說埃及。埃及人認爲死亡是一個結束，所以他們努力做木乃伊，希望肉體不要消失。他們相信只要肉體還在，他們稱爲「卡」(ka) 的靈魂就會再回來，就能復活。他們做木乃伊、做雕像，都是因爲害怕肉體會腐爛，他們認爲只要身體不腐爛，就叫做「不朽」。

可是在中國，上古時代的人並沒有像埃及一樣製作木乃伊和雕像，因爲他們相信，人類在死亡之後，軀體的分解會誕生新的生命。所以中國人的傳統觀念可能不是要肉體永恆，而是相信肉體可以用不同的形式繼續轉化。

我們常聽到中國人形容身體是一具「臭皮囊」，因爲生命消失後，肉體不久後就變得臭爛不堪。這樣對肉體的解釋也與希伯來人和埃及人都不同。

中國的觀念認爲肉體會消亡，但是精神會尋找另一個新的肉體傳承延續。許多東方信仰也都相信肉體是可以轉世的，例如藏傳佛教「密宗」，就認爲人會輪迴轉世。然而在此我們不探討信仰對或錯的問題，而是我們從中發現，每個民族創世紀的故事，其實都保留了人類不同方式的思考與創造。

所以，當我們研究神話，研究古人對生命的態度時，我們會發現，這些神話保留的不是荒誕不經的故事，而是用象徵的方法，幻想人類最初的生存意義。

大洪水曾是共同的記憶

所以，人類的創世紀故事中，我們發現各個民族的故事雖然不同，但是也有部分相同。

有趣的是，我們發現所有故事裡都有大洪水的記憶。例如在《舊約聖經》最後，耶和華發怒了，祂發動大洪水要毀滅祂所創造的萬事萬物，可是最後又不忍，於是就先警告諾亞，讓諾亞這家人造了方舟逃過一劫。耶和華在大洪水來臨的時候把所有的生命選了雌、雄各一，放在船上，就等於保留了傳宗接代的工作。大洪水過後，諾亞的方舟便成了唯一的生命來源。

而中國也有洪水氾濫的紀錄。《淮南子》記錄了上古之時洪水氾濫，淹沒世界。伏羲、女媧在烏龜的保護下，避過洪水。最後，兄妹二人捏黃泥人，再造人類，成爲漢族的祖先。

大洪水的記憶，成了人類共同的記憶。

在那個時候，人類用他的手去創造萬事萬物，也用那手去指點了天上的星辰，然後，開始有了許多故事，在人間流傳。

第二講

石破天驚——舊石器時代

這是人類古史第一個階段，
是人「不願意做人」的階段，
於是，他開始幻想自己擁有動物的力量，
將牠們化為崇拜的祖先。

人類在曠野的卑微、無助

我們把時光拉回到一百多萬年前，那時候人類剛從大地上搖搖擺擺地站立起來，用自己還不完全習慣直立的下肢來行走、奔跑。然後我們多出一雙一般動物所沒有的「手」，並開始了手的動作。

我們很少有機會去想，一百多萬年前的人，孤立在大地之上的恐懼和驚慌。我們應該想像他周遭有很多動物，如老虎、獅子，都能輕易對他造成壓迫、侵害。

雖然人直立了起來，但人跑起來沒有鹿快，也沒有羚羊快。鹿、羚羊、花豹牠們奔跑的速度，都是人類無法做到的。

動物搏鬥的時候，我們會發現牠們有尖牙、有利爪，而人類的牙齒、指甲卻沒有那麼尖銳堅硬。因此在大自然裡，人類對自己的存在會感到驚慌無助，因爲人隨時隨地都可能面臨生命危險。例如遇到一條毒蛇的攻擊時，人類不知道毒牙的危險性，被咬一口就中毒死了。

他的存在是那麼地卑微脆弱。

因此，神話裡往往保留了最初人類不願當「人」的紀錄。人不願意做「人」，於是開始幻想自己的祖先不是「人」。

人對動物的崇拜

因此中國古代民族，往往把動物當作祖先來崇拜。例如在《詩經．商頌》中有一句：「天命玄鳥，降而生商。」意思是，一隻黑色的鳥下降到人間，並生下了商代的祖先。所以商代的青銅器遺留了很多鳥的造型。青銅器上的鳥並不是一般飛鳥的裝飾，而是殷商時期人對鳥類的祖先崇拜。

原因是這樣的，傳說商代最早的祖先是一位名爲「簡狄」的少女（這又與母系社會有關，神話故事裡最早的祖先常是女性），她走到曠野中，看到地上有個鳥蛋，她受到好奇心的驅使，把鳥蛋吞下肚子，結果懷孕生下了「契」。「契」就是商朝的祖先。

這個神話很明顯說明，商代的祖先是簡狄吞鳥蛋生下的，所以鳥是商的祖先。

崇拜動物，是早期人類對自己的地位跟價值，還不那麼清楚的時候，對動物產生崇拜與幻想的古史階段。如我們稱黃帝爲「有熊氏」，他的族人或許就是以「熊」做爲自己民族的代表。不同民族用不同動物做爲部落、氏族的代表。這個現象不只存在於中國歷史，也存在於其他民族的故事裡。

在古埃及，他們第一代的法老「荷魯斯」的形象就是「鷹頭人身」，我們可由這點發現他們對老鷹的崇拜。古代人類常常存在著「半人半獸」的藝術，如中國的伏羲和女媧，他們的「人頭蛇身」的形象便保留在漢朝圖像裡；而新疆出土的唐代圖畫中，伏羲和女媧以尾部交纏的姿態出現。從古代藝術中我們可以發現，古人相信人類的傳承，是以蛇類「交尾」的方式繁衍的。中國古代認爲蛇是他們的祖先神，也是另一種創世紀的開始。

台灣的原住民中，排灣族的酋長家附近往往會養一窩百步蛇，因爲他們認爲百步蛇是他們的祖先。所以在排灣族的石板屋上，總是會刻著漂亮的百步蛇圖案畫，代表著他們對祖先的敬畏。

這是人類古史第一個階段，是人「不願意做人」的階段。於是，他開始幻想著擁有動物的力量，將牠化爲崇拜的祖先。

創造他所感覺的高貴、崇高

在北美印第安的圖騰柱上，我們會看到很多老鷹符號，這與埃及法老王的象徵相似。某些動物常被選來做爲祖先神，其中常見的會有兩種，一種是鳥類，另一種則是蛇。

讓我們思考一下，爲什麼？

生活在曠野中的人類非常羨慕鳥，因爲他看見災難來臨的時候，鳥一展翅就可以飛翔。飛，

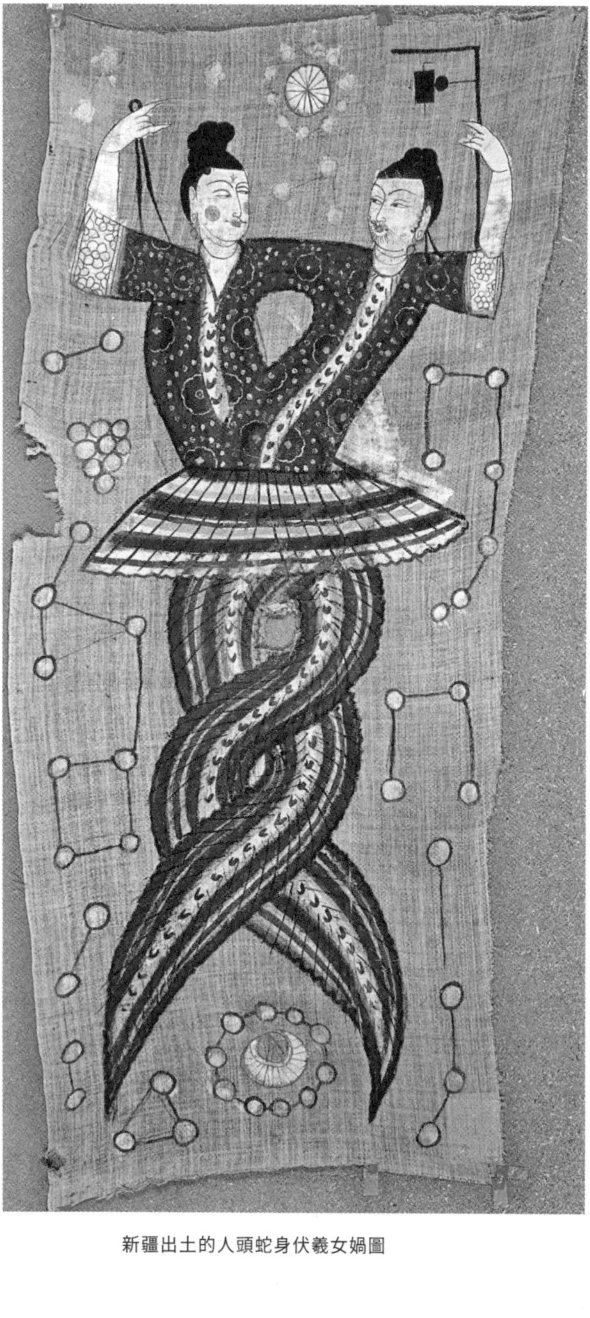

新疆出土的人頭蛇身伏羲女媧圖

一直是人類的夢想。當危難來臨之時，飛變成人類很大的願望，因此他會思索，如果他的祖先是鳥該多麼好。

蛇爲什麼會變成人類的祖先神？

蛇是看起來這麼脆弱的動物，但因爲牠的毒牙，使牠致人於死地的力量變得強大而神祕。早期人類不知道蛇爲什麼可以致人於死地，他們覺得蛇的力量有如魔法般奇異，所以對蛇充滿了各種幻想。

人類藝術的第一個階段，往往以動物圖像爲始。如蒙古的「紅山文化」中，考古學家發現一種雕在玉石上的蛇，稱爲「玉龍」。

在那個遙遠的年代，人類還不知道金屬，更不知道青銅。他的手拿起一塊比較硬的石頭，在另一塊石頭上不斷打、不斷磨、不斷敲擊，最後做出了造型。這個動作的發明是非常困難的，也是其他動物無法做到的。

古代人類就這樣在石頭上雕了鳥、雕了蛇、雕了各種不同的動物造型。型塑出他們所崇拜的動物，這便是最早的藝術。因此，藝術史第一個動作是「創造」，「創造」他腦海裡所感覺高貴、崇高的東西，他將所崇拜的經驗在石頭上刻畫下來、記錄下來，變成藝術的開始。

人類不斷超越，最後變成動物的主宰

人類古史有個「圖騰」的時代。「圖騰」兩字是從西方翻譯過來的。可是這兩個字在漢語中已經被廣泛運用了。中國藝術社會學家岑家梧曾寫了一本《圖騰藝術史》，當中就特別談到，在文字發生以前，「圖騰崇拜」是先民用圖像記錄自己對祖先的概念。前面說過，很多民族崇拜鳥、崇拜蛇，或者黃帝號「有熊氏」，都表現了人類在這個時期，在廣闊世界中，對自己渺小的存在缺乏信心，渴望把祖先與動物符號結合。

這種現象到文字出現後就漸漸改變了。文字出現距今約五千年左右。這時人類定居了，發展了農業，並且已經懂得用火。

人類懂得用火以後就比較不再害怕動物了，因爲他可以用火把自己保護起來，防止動物侵害他。而且，這時候人類已經懂得把石頭磨成斧頭或矛來刺殺野獸。這時候人類已經能擁有工具，並懂得運用武器了。

人使用工具之後，便可以開始擄獲牛、羊，發展畜牧業。動物被馴服了，人躍身變成動物世界的主人。這時候，如果說自己的祖先是鳥或是蛇，人開始覺得有一點不好意思，因爲他們可以輕易地用弓箭射殺飛鳥，並且能夠打死毒蛇了。

只活在神話中的龍與鳳

研究中國古史的學者聞一多，曾寫過一本《神話與詩》，這本書討論了許多中國神話的淵源。書中有篇〈龍鳳〉，考證了中國傳說中「龍」與「鳳」這兩種動物的由來。「龍鳳」是漢人世界兩種很重要的符號，我們在喜帖上、廟宇裡幾乎處處可見牠們的蹤跡。龍跟鳳也含有許多象徵意義：象徵帝王、后妃，象徵百姓祥和，也象徵婚姻聯袂。

聞一多的考證並不一定是百分百正確，但其中有個很有趣的推理過程：以一種動物做為崇拜對象的圖騰，稱「單一圖騰」，如上面所說對於鳥類、蛇類的崇拜。而龍跟鳳則是「複合圖騰」，意思是由一種動物加上其他動物特徵組合而成的。他推測「龍」圖騰的出現是當時以「蛇」圖騰為祖先的民族慢慢壯大，然後兼併其他民族而來的。

在當時，每個部落都有一種代表自己的動物。例如以「蛇」圖騰的部落消滅了「鹿」圖騰的部落後，「蛇」部落就可能把「鹿」最有特色的「鹿角」加在「蛇」圖騰的頭上，表示兼併之意。接著，「蛇」部落又可能消滅了跟「鳥」有關的民族，於是把鳥爪放在它身上；如果又消滅了「魚」的民族，那可能就把魚鱗放在它身上。

聞一多的推測是，「龍」的造型是從「蛇」的基本形開始演變，加了魚的鱗，加了鹿的角，加了鳥的爪，最後就演變出一種現實中不存在的動物——「龍」。

「龍」在中國藝術史上占了很大的重要性，直到現代還有一首歌叫做〈龍的傳人〉。當龍變成漢民族這麼重要的象徵符號時，我們就要去思索龍究竟從何而來？爲什麼在漢民族的世界，即便是佛教的廟宇還鑲有龍柱？

前面說過，「龍」可能是由「蛇」的基本型而來。同時，他也用相同方法，推敲「鳳」是從以「鳥」爲基本型的圖騰慢慢演變的。「鳥」的形象被漸漸美化，慢慢增加了許多原來沒有的符號，最後變成了「鳳」。

因此，「龍」跟「鳳」就變成了只存在於神話的動物。

許多討論上古史的文章更進一步推敲，中國古代東北到北京這一帶的「東邊民族」，春秋戰國時代稱爲「燕國」，這個「燕」指的就是燕子，他認爲這廣大地區是以鳥做爲崇拜神的民族。

西邊陝西、四川一帶古稱「巴蜀」，「巴」這個字就是蛇的象形。另外，考古結果認爲「夏禹」的主要發源地在甘肅，而「禹」這個字裡面就有個「長蟲」的象形。許多北方民族稱蛇爲「長蟲」，所以聞一多或顧頡剛這些學者，認爲在陝西、甘肅西邊一帶出現了以蛇爲圖騰象徵的部落。

後來，以鳥、蛇爲代表的兩大部落相會了，彼此相持不下，最後便用聯姻的方式構成新政權的和諧。所以「龍鳳」便演變成「和諧」的象徵，一直保留到現在。至今，兩個家族聯姻我們仍常用「龍鳳」爲象徵，例如喜宴上看到的「龍鳳呈祥」。由於男女結合，龍後來便又成了男性的代表，鳳則成了女性的代表。

當人類希望恢復動物野性時

當我們看到美的圖像時，便會去思索其中隱含的意義是什麼。但是「圖騰」和個人創作不太一樣。一個畫家可以只畫自己喜歡的東西，不用和其他人互動；但是對於能影響數億人之多的符號，例如埃及的金字塔以及中國的龍，我們就要去思索其中的意義。

這就是爲什麼學者要探討人類以動物做爲圖騰崇拜的原因。今天我們罵人「畜生」，因爲我們認爲動物是低賤的；但在古代剛好相反，先民覺得動物擁有強悍的力量，所以把動物的價值提高變成祖先神。

時光荏苒，我們和古代文化已經相當不同了。但我們不妨注意，當戰爭興起，或者運動比賽，以動物爲象徵的圖案便再度出現了。如我們會以大象、獅子等龐大或勇猛強悍的動物做爲棒球隊伍的吉祥物。

因爲戰爭、運動比賽，是人希望自己能發揮強悍本性的時刻，這時我們要強調的不再是人的「知識界」，而是人那股「動物性的本能」了。

當人類希望恢復動物野性的時候，人就會重新運用動物符號。

感覺一種「概念」

中國創世紀「盤古開天」的故事裡，我們想像一位粗壯的男子站在一片洪荒裡，手上拿著斧頭，一斧一斧鑿開了天跟地。

盤古手上這柄斧頭的形象，現在往往被型塑爲伐木用的、鋼鐵做的斧頭樣貌。但我們到博物館參觀時，往往可以發現第一個展場放的就是人類的斧頭。這種斧頭叫做「石斧」，是石頭做的而不是金屬製的。金屬的發現要比石頭晚太多太多了。

人類創造的第一種工具便是石頭，因此人類有長達一百多萬年的石器歲月：舊石器時代、細石器時代，新石器時代，這個時代是人類的「創造」能力還很粗糙的階段。

人類直立之後，手出現了。他的手究竟觸摸了什麼？這是石器時代很重要的問題。東西的重量、形狀、質感，都是人類從敏感的手開始去感覺的。動物不會拿一塊石頭去感覺它的形狀、重量、質感。「感覺」是人類特有的天賦。

我們想像，當人類正在用他的雙眼、用他的手去感覺一塊石頭的時候，突然有隻老虎撲過來，他會拿這塊石頭撲向老虎，這是「人」情急下的反應。

人類一旦可以拿石頭丟動物，他就已經具備運用工具、武器的能力了。一般動物很少能運用這個能力，例如我們走在路上，有隻狗對你吠叫，你可能會蹲下去撿起石頭或脫下鞋子去丟擲，這個能力是人類特有的本能反應，因爲你不會看到一隻狗拿起石頭丟向另一隻狗。

舊石器時代的石斧

接下來，他可能感覺到石頭的重量。他思索著：爲什麼自己可以打死動物？於是他對「重量」慢慢了解；如果他剛好拿到的是有稜角的石頭，剛好利用它刺殺了動物，他便會開始思索「尖」這個形狀的意義是什麼？

我們到博物館如果看到人類最早出現的武器——矛，會發現初始人類打造的矛既不均衡也不對稱。因爲這時的他對於「尖」的概念（concept）才剛在萌芽，所以他正在試著努力做「尖」的東西，讓它變成一種武器。動物沒有「感覺到一種概念」的思維能力，也沒有雙手做出腦中想像的東西。

由於概念的產生，人類的腦開始發展了，在他的皮質層裡開始有了「尖」的記憶，並靠雙手去完成。

這就是藝術創作的第一步。

所以「藝術」，並不只是爲了美而產生的。

藝術的發展，是由人類的手、物質、概念這三點構成的。一歲左右的孩子，如果我們給他一堆泥土，他會用手去捏、去玩。我們注意到他會開始創作，也許我們不知道他做的是什麼，但我們可以發現他在「感覺」造型，「感覺」物質的特性，然後捏成他想要的樣子。所以兒童在創作的過程裡，他會去記憶，並重複人類久遠以來擁有的創造基因。在這時候，我們要靜靜地觀察孩子，不要打擾他，這樣才可以讓他的創造力發揮出來。

許多父母關心孩子的創造力，把孩子送去學樂器、學兒童畫等等。然而學樂器、兒童畫之前這段時間的創造其實才是他們創造力眞正的來源。

如果給這時的孩子一堆毛線，你更能發現他的手會在毛線裡纏繞著，他會把線纏來纏去，思考如何編織。

人在古時就懂得用草編織出很多東西，然而因爲這些東西因爲會腐爛，所以現今沒有保存下來，但我們不要忘記人類創造史裡，有很大一部分是編織的工藝。

編織的藝品消失了，但他們的痕跡還保存在陶罐上，我們看史前陶器，可以發現有一種「繩紋陶」。那是陶還沒有乾的時候複印了蓆子、繩子等編織物的痕跡。這說明人類很早就能用手去編織東西，與纖維發生很多互動。

因此，從兒童時期的動作行爲，我們可以看見人類最初創作力量的痕跡。

人類手的進步，一部分從編織開始

人類史前的記憶好像是一片空白。因爲他們生活物件的消失，使得紀錄也都跟著消逝了。於是人類學家、考古學家在廢墟、遺址裡尋找人類何時開始直立，並開始用他的手編織的痕跡。提到編織，編織所用的材料都是樹皮、草之類纖維狀的東西，但這些東西會腐壞，無法保存下來，所以在藝術史上，我們對編織藝術所知非常非常少。

剛剛提到，幸好我們在遺址中挖出了一些陶罐。這些陶罐在燒製前，先民把編織好的繩子、蓆子圍在陶罐四周拍打定型，因爲陶土還很濕潤，於是複印了編織物的形狀。因此，新石器時代出現了一種「繩紋陶」，上頭就複印了纖維經緯交錯的痕跡。台灣廬山、霧社一帶，泰雅族婦人也保留了苧麻編織的藝術。

繩紋陶

從這種方式，我們便可以去探尋人類最早的編織技術。

小時候，母親打毛線的編織能力常令我感到歎爲觀止。我覺得那能力簡直像魔法，竟然一下子就可以編出非常美的圖案。今天史前編織的藝術雖然沒有保留，但人類「手」的進步與編織有很大的關係。

編織藝術運用的就是手指，人的手指愈來愈靈巧就與編織的進步有關。母親的手一直是我最懷念的手，因爲她刺繡跟打毛線過程所創造出的變化，讓我對那雙纖細的手感到不可思議。

「纖」「細」兩字都是絞絲邊，表示這兩字的意義與編織有關。而我們更可以聯想到人類藝術中，「纖」「細」兩字與女性的關係。

中國神話裡黃帝的妻子「嫘祖」，她發現蠶繭用開水煮了以後可以抽出絲來，就稱爲「繅絲」。中國古代的女性就從蠶繭開始，紡出最早的衣服，然後進步到更複雜的絲綢紡織技術。

我曾經到阿拉伯地區參觀他們製作地毯的方式，他們可以從一顆蠶繭拉出近公里長的絲線。這些行爲如果沒有極爲敏感的手指，是絕對無法成就的。因爲這麼纖細的蠶絲，如果不用敏感的手指去感覺，蠶絲一不小心就斷了，錯亂了。

古代女性將紡織工作變成日常生活專業後，她們的手指就愈來愈靈巧了。我一直覺得母親的手比父親的手還靈巧許多，因爲她的手長期做著幫孩子織毛線衣或者刺繡等細膩的小動作。

纏足與田徑場

漫長古代社會裡，傳統的「男耕女織」的社會方式漸漸形成了。男性負責勞動、耕作這些粗活，這類活動往往需要雄壯的體格和充沛的體力；相對地，女性則負責編織這類靈巧細膩的工作。神話創造了「織女」這樣有象徵性的女神。

當今人類行爲漸漸改變了。長期在紡織廠工作的男性，他的身體也可能變得精緻纖細。人類的身體行爲不是與生俱來，而是社會文化長期累積的結果。如某些原始民族，他們至今還維持母系社會的傳統，她們的女性負責田裡的勞動工作，因此擁有粗壯的體魄。

然而漢族的農業社會裡，女性往往負責紡織、刺繡等細活，因此便發展出女性應當具有柔美體態及行爲的審美傳統。

「美」其實並沒有那麼神祕，「美」是漫長生存經驗累積的結果。由於纖細靈巧的審美觀合於女性在社會上的生活方式，於是傳統便認爲女性應具備這樣的特質。像中國戲劇旦角的「蘭花指」，就是強調女性擁有纖美手指的動作。中國傳統男性沒有這種訓練，這就說明女性往往被期望爲柔弱、婉轉的角色；而「雄」往往跟「壯」放一起，這表示傳統以來，我們認爲男性應具有粗獷、強壯的特質。

所以，審美觀也不是天生的，而是後天演變的。

例如中國有一種驚人的文化——「纏足」，古時女性把腳纏得非常小，讓自己走路時會搖搖擺擺、楚楚可憐，她們柔弱的形象便成了男人欣賞的特質。這個行爲被現在的人大肆批判。但是生活在那個時代的婦女，卻沒有人反對纏足的文化，因爲那是屬於那個年代的審美價值。

相較現代女性能在田徑場上豪邁地跑百米、跳遠、跳高，這幾乎是兩種完全不同的審美態度。

人是社會的動物。爲了適應社會生活，人會發展出一些既定的行爲模式。我們慢慢累積這些模式，最後變成美感的來源。

所以我們將「美」帶到人類最初始的階段，探討人類直立之後，手的動作賦予「美」歷史性的、社會上的意義；我想這對所有關心「美」，或對於「美」仍感到抽象的朋友來說，會是更具體的探索過程。

第三講

形狀的發現與工具利用

「圓」也是一種成熟。

一個人飽經世事後，

我們會用「圓熟」來形容他人生的「完整」，

因爲他能擁有讓世事臻於圓滿和諧的智慧。

當雙手變得「萬能」

創世紀的故事裡，人類誕生了。

那些久遠的神話裡，存在著先民對世界怎麼開始、宇宙如何打開、萬物爲何被創造的疑惑。這些神話故事，看起來也許只是先民的幻想，但其中也保留很多先民生存經驗中智慧的光芒。

人類從最原始的「低等動物」中，慢慢演化，變成所謂的「高等動物」。他們漸漸演化，到最後可以在大地上直立起來。之前我們提到，「脊椎直立」是人類最早的標誌，他們站起來以後，發展出動物所沒有的雙手。

站在大地上的人類，用手開始去觸碰。他們可以抓住樹枝，他們可以摘取果實，他們還可以用手去舀水喝。手變化出了很多很多不同的動作。

所以我們說，「雙手萬能」，人類的進步便是從手爲起點開始的。

人類的手，雖然觸碰了許許多多不同的物質，可是有一種東西他們使用了最久，那就是「石頭」，它與人類發現形狀、製造工具，有著最密切的關係。所以「石器時代」，陪伴人類度過漫長的歲月。

人類懂得創造工具了

石器時期長達一百萬年，所以我們往往把石器時期再更細別區分，將第一階段稱爲「舊石器時代」，第二個階段爲「新石器時代」。

「舊石器時代」，人類的手已經可以製造工具了。那個時候的人類製造工具，用的是「打砸法」。打砸法就是拿一塊石頭去敲打、砸碎另一塊石頭。

舉例來說，我們到河邊看見一塊圓潤的鵝卵石，我們拿另一塊石頭去敲打這塊鵝卵石，鵝卵石就會碎裂成各種不同的形狀。這些碎片，有些形狀是比較尖銳的，他就可以用這個尖銳的石塊去刺殺野獸。

當然這個動作還非常地粗糙，還不夠細緻。但是這段時期，人類懂得「創造工具」。我們去博物館參觀的時候，會看到舊石器時代留下的石頭，靜靜躺在一個櫃子裡，打了光照著。

很多朋友會問我說：「這東西有什麼好看，幹嘛放在博物館？」這時我會提醒這個朋友：「注意看這塊石頭，它有人類手的創造痕跡。」

這塊石頭會是人類一百萬年前用雙手打造出來的工具，他曾利用這個工具去砍樹，去殺野獸，它不只是一塊平凡的石頭，而是經過人的雙手改造過的石頭。因此，它擁有創造的意義。

於是我想，最初人類創造的藝術，並不是爲了美。

工具製作的過程中，人有了創造的能力，同時發展了「形狀」的概念。

對大家來說，辨別形狀並不是很難的事情，我們可以很容易去分辨圓、方、三角等形狀。人類從嬰兒時期，就會去摸積木，他開始去感覺方，感覺圓，感覺三角。可是早期的人類，如果要他打造出一個三角形來，他的腦中必須對「三角形」要有很長久的認識，才能夠完成這個造型。

思索、記錄到整理

我們剛剛提到，碎裂開來的鵝卵石，其中可能有幾片是很尖銳的，人類會發現這個尖尖的東西，可以用來戳刺東西。

除了戳刺，他還可以把這尖銳的東西綁在木棍上。

纖維狀的麻、藤類，也就是類似繩子的東西，它可以「綁」。人類經由「綁」這個動作發現了形狀。這也是一種對「形狀」的體會。

「繩子」，是人類很早很早就發現的，他利用繩子打結，還可以記錄事情，這就是我們所謂的「結繩記事」。

「結繩記事」的緣由是什麼？

我有一個朋友說，他每次開了瓦斯爐以後，總是忘了關火就跑去做事，結果常常發生危險。後來他想到一個方法，就是在自己手上掛一個東西，告訴自己只要看到這個東西，就能想到火還沒關。

「結繩記事」就是類似這樣的概念。人類爲了要記錄一件事情，就會打一個繩結避免自己忘記。

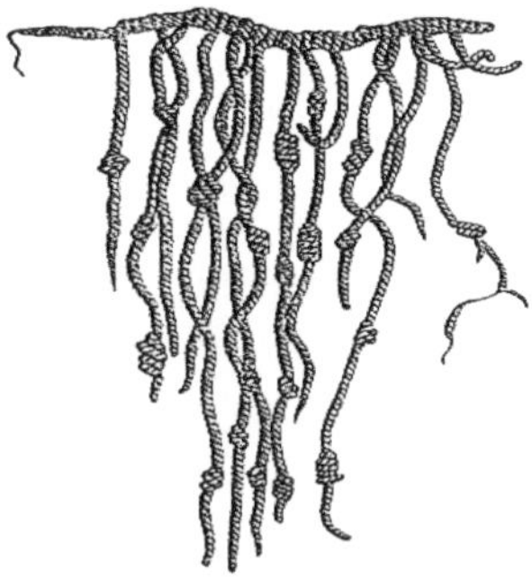

結繩記事

譬如地震。地震對早期人類來說是重大事件，所以當地震出現，他會打一個結做爲紀錄。每當他看到這個結，他就會記得那段時間會發生的事。

我們不要忘記，這個時候可能連年、月、日的觀念都還沒有成形。

我們現在有西元的年月日爲時間標準，但活在曠野中的人類，還沒有時間的概念，所以他們會在繩子某個長度打結，表示他開始想要記錄時間了。

我們現在對人類的結繩記事，雖然不太容易了解，然而繩子的形狀，以及繩子打結的樣子，都是關於形狀的發現與應用。可以打結的手，一定是非常靈巧的發展。我們雖然覺得猴子能剝香蕉的手已經夠靈巧了，但若要教牠打結，卻不是那麼容易的事。

人的手發展到可以打結的時候，表示他對於纖維狀、線條狀這類的形狀，已經有一定的認識。現在人類「打結」的藝術，例如「中國結」，已經進步到非常繁複的程度了。這種藝術需要非常細膩的思維及非常靈敏的手才能辦到。

所以在談形狀的時候，請觀察一下你的手。我們會發現我們的手指能有很多細膩的動作，像打結、彈琴、刺繡等等。有的人可以做到，有的人可能做不到。如何開創手的能力，讓手能不斷地創造出新的形狀、新的可能，這也就是「創造史」最早的起源。

人類起初發現形狀一定是非常有趣的過程。只是因爲我們離那個時候太遠，所以完全忘掉了。孩子在玩積木的時候，就是他辨別形狀的開始。你慢慢地教他，要他把方形的放在一堆，三角形的放在一堆，圓形的放在一堆。他剛開始的時候還不懂，但他在某一個年齡忽然懂得分辨了。

可是這件事，最早的人類可能要花幾萬年的時間去學習。

對最早的人類來說，「學習」一件事是非常困難的。現今殘留在我們身上的基因，可能是長期慢慢累積的結果。很難想像一個嬰兒一個月所能習得的東西，可能是人類歷經幾萬年才能學到的。

譬如說，最早的人類還沒有發展出語言，他跟動物一樣，只能發出叫聲。驚慌的時候他會叫出聲音，快樂的時候他會笑出聲音。慢慢地，他從這些聲音裡開始整理出「語言」。

相同地，嬰兒接近一歲的時候，他開始把動物性的、直接本能的聲音，變成「爸爸」、「媽媽」。所以，從孩子的成長觀察人類文明的開展，是非常快樂的一件事情。

從「矛」到「髮簪」

我們前面提到，碎裂的鵝卵石當中有尖的碎片，人類就利用這個尖去戳刺東西。這種尖的石頭，後來就變成了最早人類的工具——矛。

「矛」這個字就是尖形器物的象形字。

後來，人類會捕魚了。他抓到一條魚，烤了吃掉後，他就把尖尖的魚刺做成骨針。

很多在遺址當中，都出土了骨針。其中有些骨頭本來就是尖的，所以可以當針來使用。可是如果當時沒有尖狀的骨頭，初民可能就把某一種動物的骨頭，比如說雞或鳥的骨頭，慢慢磨成尖的樣子。

「矛」的象形文字

人類的觀念裡，慢慢建立出形狀的概念了。尖的東西可以刺穿，他有這樣的概念之後，就會慢慢把這個形狀保留下來，於是變成各式各樣跟尖有關的工具。

這個時候，人類還披頭散髮著。有一天，他忽然發現披頭散髮不好看，或干擾工作，他開始懂得把頭髮盤起來，拿一根針插在上面固定住，並覺得好看。「髮簪」的前身就出現了。

骨針、矛、髮簪，這些東西都是尖狀的東西，他慢慢開始了解尖的功能，便開始製作愈來愈多尖的工具。但這種觀念的建立恐怕要長達數十萬年。所以，石器時代關於形狀的創發，是人類審美藝術能往前的一大跨步。

鋒從磨礪出

我們剛剛說過「打砸法」，這是舊石器時代非常粗糙的一種製作器物的方法，因爲這種方法只能完成大的形狀，無法做出細緻的形狀。

慢慢地，我們發現「磨」這個動作出現了。「磨」的意思是：把粗糙的東西去掉。「磨」跟「打」

「砸」不一樣，打砸是大的動作，當石頭碎裂的時候，形狀也比較不能控制。可是，如果人到河邊利用水跟沙子慢慢去「磨」東西的時候，這時刻的心境會跟「打砸」的心境很不同。

提到磨這個字，我們常常聯想到一個詞——耐心。我們常說「磨練自己」、「磨一磨這個人」，意思就是要把人的缺點或是急躁的個性去掉。這表示「磨」與「時間」有關。我們可以在幾秒鐘內就砸碎一塊石頭，但是「磨」，需要很長的時間。

所以我們發現到了「新石器時代」，最常使用的製具方法就叫做「磨細法」，而不再是「打砸法」了。

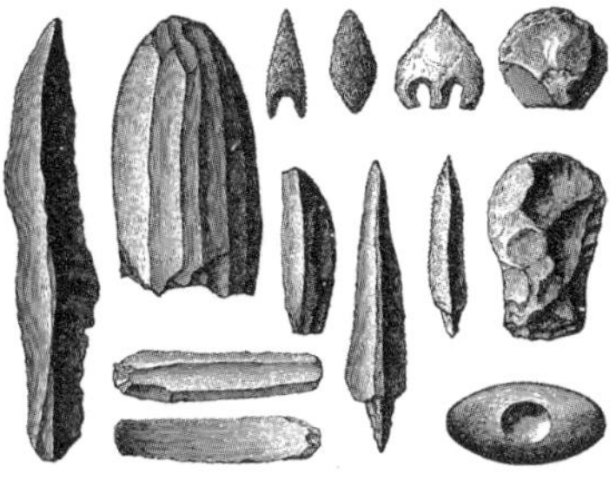

新石器時代的石製工具

用「磨細法」製作的工具更精緻了。這個時候出現的作品形狀就更加圓潤，用手摸起來也更加細緻。

所以如果大家去博物館，看到第一個玻璃櫃裡面放的都是用「打砸法」做的石器，它們往往很粗糙。可是，到第二個櫃子時，裡面放的是新石器時代用磨細法製作出來的工具，它們就非常地圓滑細緻。你一看就知道，這個工具一定是經過人類的手，耗費很長時間，慢慢地、特別地、精心製作出來的東西。

形狀的演變同時也證明人的手慢慢在進步。

打砸法的手，是比較粗糙的，他的動作都是比較粗野的；可是到了磨細法的時代，他對手的控制力變強了。

孩子成長的過程裡，我們可以觀察他手指的動作。

孩子吃飯時，用調羹舀飯這個動作對他來說並不難。因爲他只要把四個手指和大拇指合在一起，抓住一個東西就可以了。這個動作其實猿猴也可以做到。可是，當孩子拿筷子的時候，食指跟中指就必須要有非常巧妙的互動，才能拿好筷子。

所以，兒童學習拿筷子的絕對要比使用湯匙要晚。這說明：動作，是對形狀的高度認識。

也因此，我們更應該珍惜，自己能擁有使用筷子的能力。

極簡風潮釋放的美

「石器時代」是人類對形狀的發現及創造，一段最重要的時期。

基本上，大部分人類能感受的形狀，例如尖形、圓形，還有方形，在「石器時代」已經完成了。尖形、圓形，還有方形，這幾種形狀，是人類創造所有器物的母形。所有的器物都是從這些基本形發展出來的。

西方藝術史裡面，有一個流派叫極限主義（Minimalism），也有人翻譯成低限主義，也有人翻譯成極簡主義。這個流派的風格是把繁複的造型不斷簡化，簡化到最單純的樣子。

極限主義對現代建築和音樂都有非常大的影響。

譬如現已消失的「紐約世貿雙子星大樓」，它們就是極簡主義的代表。雙子星大樓的線條非常單純，沒有複雜的裝飾。它們是以鋼梁、玻璃等單純的物質去呈現極簡之美。

美國作曲家約翰．凱吉（John Milton Cage Jr.），他最有名的作品是一九五二年發表的〈4'33〉，這首曲子分三個樂章，第一樂章三十秒，第二樂章二分二十三秒，第三樂章一分四十秒，但是這首曲子完全沒有使用任何樂器，也沒有發出任何聲音。他就是極簡主義的代表，他作曲的風格是以旋律的簡約為特色。

在造型上，極簡主義會還原到方形、圓形、三角形等最單純的形式，讓我們感覺單純所釋放的美。貝聿銘改建羅浮宮的「玻璃金字塔」就是極簡。

嚮往圓潤之「美」

方形，總給人一種穩定的力量。所以我們有時候會用「方方正正」形容一個人。這不是說他長得方正，而是說他給你一種穩定感，一種信賴。所以建築物爲什麼多以規矩的方形或者長方形爲其造型，因爲這種形狀能給人一種安穩的感覺。所以，方形本身會傳達一種情緒。

而圓形就比較複雜了。提到圓，我們常聯想到「圓融」、「圓滑」。圓表示「不衝突」，因爲它沒有稜角，它把所有粗糙的稜角都磨光了。「圓」也是一種成熟，一個人飽經世事後，我們會用「圓熟」來形容他人生的「完整」，因爲他能擁有讓世事臻於圓滿和諧的智慧。因此古老的民族特別喜歡圓，圓是一種歷經時間淬鍊後的展現。

中國的文化裡，最喜歡的形狀，就是圓。世界上沒有一個民族過中秋節過得這麼興奮的。中秋是一年中月亮最圓的一天。所以，中國人就用這一天的圓，寄託了對人世間能圓滿、團圓的心情。

於是，圓變成一種複雜的、心理上的寄託。

我們可以推想，人類最早在哪裡發現了圓？他可能從太陽發現了圓，然後從月亮的圓缺裡，發現圓的的變化；或者，他也從瓜類、種子等果實類的東西發現了圓。

他發現了各種不同的圓。可是如果有一天，他要在大自然中，把一塊不規則的石頭磨成圓的，那麼，他對手一定要有很成熟的掌握。因爲這種技巧，比用我們先前所說過的「打砸法」，打出尖銳的器物還要難完成。

因爲圓的形成，眞的需要磨了。磨，也一定要經過時間慢慢堆砌才能成就。我們想像，先民可能會在海邊撿到一個貝殼，他打開貝殼，驚歎裡面有一粒珍珠。這粒珍珠那麼晶瑩、圓潤、飽滿，所以他開始嚮往擁有這種圓的東西。

從實用到無用

人類早期的遺址裡，我們發現有一個很有趣的現象，那就是先民會把石頭磨成「石珠」。這種石珠類的古文物，在美索不達美亞和中國都會發現。

距今遙遠的八千年前、一萬年前，人已經懂得把一塊石頭磨成圓的石珠，而且懂得穿孔，把石珠穿成項鍊戴在脖子上。而我們還以爲項鍊，是近代人類愛美的表現。

幾千年前的人類懂得磨石珠，而且把它穿孔變成項鍊。這是多麼困難的手部動作。但是，他會慢慢地、耐心地去做。

所以我們從中可以了解，人類對形狀的想像充滿了很多不可思議的創造力。

從「打砸法」慢慢演變成「磨細法」之後，圓狀珠子的出現，是人類文明裡非常大的進展。

我們注意，如果以「打砸法」做「矛」去刺殺野獸，這個「矛」是一種帶有目的性的工具。

大家再想想，珠子的用途在哪裡？珠子不是工具，它不能刺殺野獸。

但是，早期人類發現了一種工具——「弓」，最早放在「弓」上的東西不見得是箭，可能是彈丸，也就是類似現在的「彈弓」。他將木頭或竹子彎曲，然後利用牛筋這類有彈性的東西把它綁住，彈東西出去。「彈丸」，也就是石珠類的東西，它們是後來砲彈類的前身。

「弓弩器」、「彈射器」類的東西，直到近代人類都還在使用。將圓形的石頭彈出去，可以打鳥，也可以打野獸。這類圓形的珠子，成了攻擊的工具。

很多人類的裝飾品，最早可能是工具。所以，這些珠子慢慢從工具演變成「美」的東西，掛在自己的身上，變成了項鍊。

這一點說明了人類開始有了「審美」的意義。如果他只是拿這個珠子去打鳥，他不會覺得這個珠子美麗。

我們可以想像，有一天，他把一顆珠子捧在手上，他的手搓揉著珠子，感覺它的圓潤，他忽然覺得「美」。然後他把珠子穿了一個孔，掛在自己的胸口，開始了「審美」的歷史。

所以，藝術史上非常關心的一點，就是什麼時候人類把實用的工具變成了「藝術」？什麼時候開始了審美？

什麼時候，他開始覺得一個東西「美麗」？

什麼時候，他把美麗的東西配戴在自己身上，懂得裝飾自己？

因脆弱對堅實的想望

人類創作的開始，有許多都是從大自然中學到。

從形狀發現、創造的過程裡，我們談過人類對形狀「概念」的成形。早期人類在曠野中，看到鳥類做巢，蜜蜂做窩，這些觀察都讓他對形狀有更進一步的認識。他可能好奇地去觀察鳥巢的造型，然後他也會嘗試用類似方法，用草編出一個籃子來。

某天，他發現了瓜，也許就是我們今天吃的瓠瓜或著葫蘆瓜。他發現瓜類被曬乾以後，中空的部分可以用來舀水，而且非常好用。於是「水瓢」出現了。同時，他也用相同的原理將中空的瓜類製成了碗，就開始可以裝水、裝液體、裝各種東西。

有些形狀，只是人類在大自然無意間發現的，他只是「利用」這個形狀，還談不到「創造」。等到人類開始懂得用手去「創造」時，那又是另一個層次了。

人類把曬乾的瓜劈成兩半以後，拿來當容器使用；可是這個瓜不是他「創造」的，而是大自然原本就有的。可是，瓜類製造的容器用不了多久就碎裂了，它並不堅固。當它壞掉的時候，人類就覺得有點懊惱。

所以他開始希望能夠擁有比較堅實的東西，來替代脆弱的瓜類容器。

經久不衰的器物

大家應該有這種經驗，每當下雨時，泥土地就變得泥濘不堪。人類走過爛爛的濕泥，發現腳會陷下去，然後要很努力才能把自己的腳拔起來，回頭一看，發現留下了腳印。

過了一陣子以後，雨停了，乾旱的季節到了，太陽出來了。他再走到河邊，發現水退掉了。河灘上留下了一個凹下去的腳印，靜靜躺在那裡。

我們知道，泥土被太陽曬乾了之後會變得非常堅硬，他發現這個腳印凹下去可以裝水。忽然，他開始有了「做陶」的想法：泥土加水以後會變柔軟，變柔軟以後可以複製出一個形狀。所以他開始思考，如果用泥土做出一個類似瓜類的容器，或許可以讓它一直固定下去，最後保存下來。

因此人類「複雜的經驗」開展了，人類的創造，從石器的打砸法這種「單一」程序的製器方法，進步到「複合」的狀態。

泥土加水之後會有性質的改變。它要不斷被人的大腦記憶以後，才會累積出人類到最近的一萬年才擁有的驚人創造——陶的製作。

現在大家家裡都有吃飯的碗，這個碗就是陶碗。

爲什麼我不說瓷碗？

陶跟瓷，差別又在哪裡？

淬鍊與否分出了陶瓷

一般人都把陶、瓷混在一起說。事實上，如果用科學方法嚴格地區分，陶跟瓷並不一樣。

陶土跟瓷土本身就是兩種不同的東西。大地裡的泥土，都可以拿來做陶，這是陶土；但是提到瓷土，我們會想到「景德鎮」。景德鎮是出產瓷器最有名的地方，因爲景德鎮出產一種土，這種土細到像麵粉一樣，我們稱做「高嶺土」。除此之外，金門的土也很好。這種細緻的土比較不含雜質，所以專門用來做瓷器。

因此分辨陶器跟瓷器，有兩個關鍵：第一個關鍵是土的純粹度。純度夠才叫做瓷土，純度不夠，就叫做陶土。第二個條件是火溫。我們知道，「陶」是經過水和土調和塑造出的形狀。做出形狀後它還不足以被稱爲陶或者瓷，因爲它的形狀不能穩定下來，它必須要經過火燒才能固定。

那麼，火的溫度是多少？

如果在攝氏八百度以下的，我們一般稱做「低溫陶」。但如果在攝氏一千二百度以上，它會發生一個現象，叫做「瓷化」，就是這個土經過高溫淬鍊後，硬度產生了，它永遠不會再風化成爲土。

所以這也可以用科學的原理來判斷，陶器如果埋在土裡面幾千年之後，它有可能又變成土；可是經過瓷化的瓷器永遠不會再變回土。所以「火溫」才是決定陶跟瓷最重要的因素。

家裡面用的甕、水缸，它們是陶，因爲是低溫燒的；如果是很精緻的碗、杯子，它們是瓷器。瓷器敲起來會是像敲玉器一樣，有著清脆的聲音，因爲它已經瓷化，會有接近石頭那樣堅硬的聲音出來。這也是另一種分別陶跟瓷的方法。

人類對於「形狀」的發現跟創造，是慢慢累積、漸漸演變的。

藝術史上最重要的一點，就是人類的創造力從來沒有中斷過。人類再也不可能從零開始。所以，我們必須感謝過去人類上百萬年前留給我們關於形狀的發現、形狀的思考，和形狀的創造，這些過程都記錄在我們身上，而這些能力也在我們身上遺留了下來。

第四講

新石器時代與土陶製作

大家有沒有這種印象，
小時候我們看到一隻公雞踩過了下雨的土地，
留下好多像竹子、葉子一樣的圖案，
我們也曾看到狗跑過濕濕的泥地，
留下了很多梅花般的痕跡……

安全感的來臨

人類漫長的創造歷史，開始進入到最近的一萬年。

一萬年前左右，人類的文明史上發生了一個更巨大的變化。簡單來說，就是從「狩獵時代」（或者「漁獵時代」），進入到「農業時期」。

也許很多人會覺得，這個變化有這麼重要嗎？而農業時代的來臨，又爲什麼是人類文明的曙光？

人類在獵殺野獸的過程中，使用的是石器。這時候他的動作是非常粗野的。他獵殺野獸、茹毛飲血，他活生生地把野獸撕裂來吃。

他自己本身也像動物，很多細緻的器物還沒有產生。

狩獵過程中，人必須野蠻地跟野牛、羚羊搏鬥，雖然「茹毛飲血」的時代已經距離現在非常非常久遠了，但在我們身上還保留了一些血淋淋的記憶。

當時，他拿著石頭、用石斧去砍殺野獸，或者是拿著石矛去刺殺野獸。把牠的皮剝開，吃牠的肉。人類的文明當時還沒開展，他還沒有辦法安定下來。狩獵時代的人類極度沒有安全感，因爲他不知道野獸在哪裡，也不知道能不能戰勝野獸。所以在他尋找、探索、冒險的過程當中，常常是有一餐、沒一餐的。

狩獵時代，絕對沒有我們今天所謂的早餐、午餐、晚餐，這樣規律的飲食習慣。因爲你有可能一個月獵不到野獸。

我們想想，溫帶氣候的冬天非常酷寒，要找到野獸是非常困難的事。那時候連河流都結了冰，連魚都抓不到。所以我們可以回想，那個時候的人類生活很辛苦，在冬天可能獵不到野獸。但卽使他好不容易獵到野獸，肉一下子也吃不完；更何況如果是夏天，他也沒有冷藏的方法可以使肉類保鮮，肉一下就腐爛了。所以我們可以試想，人類生活在曠野中充滿了焦慮與不安。

可是最近一萬年當中，人類發展農業了。

農業又是怎麼出現的？

首先，他懂得畜牧。在狩獵的過程裡，它開始懂得不要把所看見的野獸全部打死。他覺得如果打死太多隻野獸，肉也吃不完，腐爛掉好可惜，所以他開始察覺某些動物是可以跟人親近的。像羊、牛或者豬。

這一類的野獸慢慢地被馴養了。他不把牠們全部打死，而是把牠們圍起來，餵養牠們，這樣子動物可以繁殖，還可以提供他們奶跟肉。他們可以更長久地「擁有」這些動物。

這種心情跟以往狩獵時代已經不一樣了，因爲他們有了安定感。更重要的是，農業跟植物的種植有關。他開始懂得種植野生的穀類。玉米、稻米、麥子本來都是野生的，可是人類開始發現，不要立刻把所有的麥穗、稻穀全部吃完，留一些種子，選一塊地方，就可以播種了。也許幾個月之後，可以獲得更多的種子。

我們知道農業是人類思想上、智慧上驚人的累積結果。因爲狩獵的過程是非常急促的，殺了一頭野獸就「立刻」把牠吃掉，所以以狩獵維生的人類不知道要花三個月或者是半年的時間去「等待」種子成熟。

而農業就不同了，不管是畜牧，或是種植五穀，都需要耐心。人類豢養動物以後，懂得讓牠們交配、繁殖，生下一代，再下一代。這時候，他們開始建立時間的概念。同樣地，把一個種子放在土裡，要「等待」它發芽，「等待」它結出更多更多的種子出來，這時候的人類對時間發展出更深度的認識。

在《聖經》中，耶穌布道時講過一句話：「一粒麥子如果不落在地裡死去，它仍然是一粒；如果死了，就結出很多子粒來。」（約翰福音12：24）

這是一句非常具有智慧的話。它裡面隱含了人類從狩獵生活進步到農業生活之後，如何使自己的生命可以「永遠」延續下去，不再過著漂泊無依的生活。

所以農業社會的出現，是人類文明很重要的歷程。因爲人類開始懂得時間的意義。他開始知道春天的時候播下的種子，要經過漫長的時間，到了秋天才能夠收穫。

這個漫長的過程裡面，他懂得培養、灌溉和等待。更重要的是，他了解記憶「經驗」的重要。

玩泥巴是檢驗手指進步的方法

提到農業，我們還發現與製陶息息相關的東西——泥土。因爲農業能夠發展，絕對是對人類土地有了更多的了解以後。

那麼泥土究竟是什麼？石頭的文化怎麼進步到泥土的文化？泥土又提供了人類什麼樣的認知？

如果問一個朋友：「什麼是泥土？你可不可以對泥土下一個定義？」

我相信一般人可能一下子無法回答。泥土到處都是，它是地球表層很重要的物質，我們每天走在大地上，以爲自己很了解泥土。可是如果要你去定義泥土是什麼，卻不太容易給出一個很具體的解釋。

我們前面講到，人類創造的第一個物質世界是石器時代。我們可以先從石頭跟泥土的差別是什麼開始。

石頭比較堅硬，人類利用石頭去做工具的時候，我們會用打、砸的方法使石頭改變形狀。而泥土比較柔軟，它加了水就可以改變。如果用科學來定義，應該是說：石頭會風化。石頭經過風的長時間吹拂以後，會變成非常細微的分子，我們稱爲「塵」。灰塵或塵土這類的東西，就是石頭最細的微粒。然後這樣的東西，經過大自然裡面跟樹葉、動物腐爛後的有機物混合在一起，加上水的滲透，就叫泥土。

所以我們知道泥土裡面，含有很多雜質。它不似石頭那般堅硬不變，而是很容易改變的。下雨天，我們走在鄉間小路，泥土被雨水滲透了。這時，我們發現，上面有好多腳印留下來。大家有沒有這種印象，小時候我們看到一隻公雞踩過了下雨天的土地，留下好多像竹子、葉子一樣的圖案；我們也曾看到狗跑過了濕濕的土地，留下了很多梅花般的痕跡。

早期人類也在觀察這樣的東西。他發現泥土可以在濕的時候複製出形狀，就懂得製陶了。我們前面講過，人類最早拿來喝水的東西是葫蘆、瓠瓜類的外殼曬乾以後做成的「瓜瓢」。因爲這個東西很容易碎，所以人類就開始突發奇想：如果把濕的泥土，糊在瓜類的外圍，然後就可以做出一個碗的形狀，然後拿去燒製。

燒的時候，瓜類碰到火就會全變成灰消失不見。可是外圍土作的碗，就可以燒製成陶碗。所以，我們發現人類最早的製陶可能從這裡開始的。

另外還有一種方法是草。他會用繩子或者草，編出一個籃子的形狀，然後用濕的土把它糊起來，糊完之後拿去燒，那麼燒的過程中，草類、纖維狀的東西全都化成灰了以後，留下來的土就變成了陶碗。

所以我們發現，早期的很多的陶製品，上面都有繩紋，或者有藤編的痕跡在上面，這些痕跡訴說了古時陶器的製作方式。

人類捏土製作「形狀」的方法，和人類打砸石頭的動作非常不一樣。我們觀察孩子的成長過程：孩子拿調羹的時後，他的手是用抓的，可是如果拿筷子的時候，他必須有很多手指的動作。所以我們可以知道，石器時代的人類敲石頭的時候，通常是「握」這個動作，可是如果要捏土，食指、大拇指、中指都必須要有比較細膩的動作。

如果你家裡有一個兩歲、三歲的孩子，可以給他玩土。現在有一種專門提供給人們玩造型的土叫「油土」，在文具店都可以買到，小朋友最好的玩具就是它。玩泥土的時候，孩子手指會不斷地進步。我們不要認爲小孩遊戲的時候是浪費時間，好像一定要他去讀英文，算數學才是學習。我們不要忽略了，其實當他在遊戲的時候，學習到的東西可能更多。

所以你給他一塊土，然後在旁邊觀察，你會發現他手指的動作，每一天都在進步，他會捏出你想像不到的形狀出來。這些形狀說明了他手指的進步程度。如果只是能握，形狀變化一定不大；但如果他開始能使用手指，他所做出的形狀就會變得非常複雜了。所以，泥土是最簡單檢驗手指進步與否的方法。所以在孩子身上，我們可以發現早期人類製陶過程遺留下來的記憶。

讓手保有感覺

製陶，必須要有很細膩的動作以及力度的拿捏。我們回家時觀察平時吃飯用的碗，你會發現碗壁非常地薄。如果給你一塊土，你能不能捏出那麼薄的一個碗壁？

想像你正在做一個陶碗，當泥土還濕潤的時候，如果力量太大它就破了；如果力量使得不夠，這個碗又太厚了。厚的碗拿在手上很重，也不實用。所以，你會驚訝人類的陶瓷，經過萬年的累積後，歷經了多大的變化。

我們到故宮博物院參觀時，可以看到有一種瓷器叫做「脫胎」。「胎」，就是土的意思。「脫胎」，是指土的地方完全變成透明。古人用「其見有釉而不見有胎」來形容這種瓷器，意思就是這種瓷器精緻到只看見釉色，卻看不到本來泥土的地方，這種瓷器的邊壁能像雞蛋殼一樣薄。

這麼精緻的碗，是人類用雙手做出的。而我們能不能將泥土握在手上，捏到像雞蛋殼那麼薄？

工商業發達以後，我們離手工藝已經愈來愈遠，現在幾乎所有的碗都是機器製造的，我們也不再需要用手去做碗。

然而，我們的文明愈進步，帶來的卻是手的退化。如何使我們的手，在今天仍保有高度的潛能，恐怕就要利用藝術創作了。

鋼琴家的手，對於鍵盤輕重的拿捏是非常驚人的。他可以把需要表現輕柔的樂章彈奏得那樣輕盈、那樣優美。因此我們知道他的手沒有退化，他能用雙手掌握那麼細微的力道。而小提琴家將他的左手按在琴弦上做顫音的時候，他的手指不但非常靈活，而且還能表現出充沛的情感。

這些對於手的訓練技巧，跟製造陶瓷完全一樣。

所以，這就是爲什麼我們要提倡藝術的原因。因爲在這個科學時代，唯有藝術還能使人類的手擁有「感覺」。

從彈鋼琴的手、拉小提琴的手，可以連接到最早人類做陶那雙手的片斷回憶。

仰韶文化時代的手拉胚

在人類的遺址中，我們發現了做陶藝術的歷史。

譬如我們在陝西「半坡村」發現了「半坡遺址」。半坡遺址對於近代黃河流域的考古有非常重要的意義。

在半坡遺址出土的陶罐，殘留著一些穀類的化石在底部，因此我們推測那個時代已經有了農業。

半坡遺址地處北方，這些穀物應該是產於北方的麥子或是雜糧的遺跡。這些穀類會積存在罐子底，表示他們能將五穀雜糧收集在罐子裡面，變成能播種的種子。這種生活方式只有農業社會才有。

所以在當時，半坡遺址已經擁有了農業社會的形式。

另外，這個時代距今八千年左右，基本上還是屬於母系社會的時代。父系社會出現的時間非常晚，約莫距今五千年左右才建立起來。以中國歷史來說，大概是商、周這段時間才出現了父系社會。

半坡遺址出土了很多非常精美的陶器。如果是人類的手「捏」出來的陶，它的厚薄、形狀不會很工整。而我們現在一般看到的碗都是很工整的，那是因爲人類在做陶的過程中發現了一種叫做「轆輪」的工具。

輪子的出現，是工業技術很重要的進展。因爲輪子可以運輸，可以滾動，可以把很重的東西從一個地方運到另外一個地方去。

四個輪子裝在車軸上，可以變成具有運輸功能的車子。一個輪子讓它橫躺在地上旋轉，這就稱爲「轆轤」。最早的「轆轤」就是將輪子橫放，用腳去推讓它旋轉，使它維持一定的轉速。在力學上來說，這個速度能讓輪子中央的東西維持一種均衡的狀態。

所以你把一塊泥土放在輪子中央，然後用手去觸碰它的時候，這個「轆轤」旋轉的力量會把你的手跟土的關係「拉」起來變成「手拉胚」。「胚」剛剛說過，就是胎土的意思。手拉胚在現代生活裡其實不難看到。陶藝家的家裡，通常也都有個轆轤，可是現在的轆轤通常是用電力來控制，而古代的轆轤是用腳推的。

南投的水里以製作大缸出名，他們的窯業還是維持傳統的方式，用腳來推轆轤，利用輪子的旋轉力量把胚土拉起來。

在半坡發現的陶器，我們看見它們表面厚薄非常一致。這明顯地就是利用機械力學才能做到的「手拉胚」工藝。

人類的文明，在一萬年前，就已經懂得利用機械力學去製作器物造型了。

手的進步，需要記憶經驗

要創作這樣精緻的器物，控制手的力道是它的關鍵。

我們常常帶學生去參觀窯場，每次學生看到做手拉胚的老師傅，都非常驚訝：他們的手簡直像魔術師的手！老師傅的手一碰到泥土，那團泥土就像花似地生長起來。

每個學生都看得目瞪口呆，都躍躍欲試。可是一試卻發現沒有那麼容易。因爲這個看似簡單的動作其實是需要經驗累積的。大部分學生的手，沒有經過訓練，所以那團土就胡亂旋轉，轉成亂七八糟的形狀。

其實，必須要有經年累月的練習，才能控制手的力度。食指跟大拇指壓在泥土上的力量要剛剛好的時候，才能拉出一個均勻的形狀。

我曾經看過一些老師傅，一天可以拉出四百個大缸的胚，那個速度之快，而且準確，眞是一種驚人的工藝技術。我也曾看過一些老師傅，他的手也可以精巧到拉出一個很小的茶壺。茶壺那麼小，器壁這麼薄，手如果不夠熟練、不夠靈巧，根本做不出小茶壺。而且我們可以看他最後的步驟是做壺蓋，這個壺蓋不用經過計算就可以跟壺的密合度剛剛好。

這些都是人類手的進步與累積經驗的融合。

人的手究竟要進步到什麼程度，他才能夠對力量拿捏到恰到好處？事實上，人類所謂藝術的進步、工藝的進步，就是人類自己身體在進步。

「拿」「捏」不只是手的技術，也標誌著文明的進步。

人類的手，因進步而退化

形狀的創造，完全得依靠雙手。但現在我們的雙手正在退化，因爲大部分的東西都不是我們可以親手做出來的。在我母親那一代，她的手還可以包餃子、蒸包子、揉麵條、織毛線、刺繡，她的手是一雙萬能的手。

可是現在我看自己的手，我感到很害怕。因爲我的手，已經不似母親的手那樣靈巧。

這個時候我們會了解到，手如果沒有接受刺激，你的腦也會因此停止進步。所以這就是爲什麼我們一再強調，應該適度地讓自己的手，持續一些動作，讓它繼續保留手指的靈敏。所以，拉小提琴、彈鋼琴、捏陶、編織，其實就是用另外一種方法使自己的手指不退化。不只是音樂，繪畫、寫毛筆字也都可以訓練這樣的能力。

寫毛筆字的時候，手指會有很多指尖的動作。所以一個小孩子剛學拿毛筆，他沒有辦法做很多小動作。可是隨著成長的過程，毛筆字愈熟練，運用毛筆的技巧、動作也會愈來愈多，這就是所謂指尖的刺激。指尖的刺激能使人常常保持在思考的狀態，不會呆滯。

所以現在人類不管在生理學或是心理學上，都認爲指尖的觸覺是種非常重要的刺激。因爲它跟你的智力、記憶力的維持與否有著密切的關聯。這時候就會發現，我們所談的「創造」，不只是做出一件偉大的作品，更重要是保持自己生命的活力。

在創造形狀的過程裡，要使自己永遠是個年輕創造者的狀態。

蒙恬造筆之前

陝西的「半坡遺址」發現了非常漂亮的陶罐。所以談到製陶的歷史，都一定會談到它們。我們不只要注意半坡做出來的陶罐，還要注意轆輪的出土，因爲能夠做出如此工整勻稱的陶罐，都是因爲轆輪的幫助。

除此之外，這個地方還發現了距今最久遠的毛筆。

我們過去常講說「蒙恬造筆」。但如果眞的是蒙恬做出毛筆的話，那已經是秦始皇以後的事了。可是從出土文物發現，毛筆的存在要比秦始皇更早。所以「蒙恬造筆」正確的說法應該是「蒙恬改良了毛筆」。

現在的毛筆是竹管製的，有羊毫、狼毫等等，非常精緻。可是八千年以前半坡遺址中的毛筆，只是在木棍上綁上動物的毫毛，有一點類似我們今天用的水彩筆，是沒有筆鋒的。

這種利用動物毫毛製成的筆，沾了一些「化妝土」畫在陶罐上。化妝土是從大自然中具有顏色的礦物、植物製成的。

比如說，「藍」這個字，其實是一種草，這種草搗爛了以後會有藍色汁液出現。而在礦物中，例如土耳其石，女孩子們覺得那種綠很漂亮，於是就把土耳其石做成項鍊，戴在脖子上。早期的人類能從大自然中發現天然顏料，而這種土耳其石，就是我們古代所說的「石靑」或者「石綠」，把它磨成粉以後加上膠，或者加上雞蛋，調勻了以後就可以畫畫。它們就是最古老的顏料。

半坡遺址中，陶罐做完以後，先民還不滿意，他覺得光是這樣不夠好看，所以就用化妝土在表面上畫了漂亮的圖案。因此，在半坡陶罐上，我們發現上頭畫了一張人的臉，還畫了幾條魚在上面，這是陶器最早的紋飾。這些裝飾性的花紋，就是用當時的毛筆畫出來的。

人類的手懂得使用毛筆繪畫，這又是不得了的進步。

毛筆本身是軟的，而有些民族，譬如美索不達米亞地區或是埃及，他們用的是硬的筆。他們的筆通常是用切斷的蘆葦桿做成的，然後雕在濕的泥土版上。這就是我們所說的「楔形文字」。

可是中國的筆是用柔軟的毫毛做成的，人的手要拿捏軟毛筆的力度，比拿捏硬筆更困難。我們今天拿著圓珠筆、鋼筆寫字的時候，要控制它的輕重比較容易，可是如果要小孩子拿毛筆寫字，他可能總是畫不好線條。因爲毛筆很軟，要寫出漂亮的書法，必須要能用指尖控制力道。

所以我們談到陝西半坡陶的時候，有兩個東西在幫助它的陶變得非常美：一個是力學機械的轆輪，另一個就是毛筆。這兩樣東西使得半坡陶器出土後，變成了令人驚歎的藝術品。

千萬年前的象徵藝術與抽象藝術

今天很多人欣賞半坡陶，是因爲上面畫著漂亮的人的臉孔，還有漂亮的魚。我們知道畫魚鱗時，必須一片一片畫，非常麻煩。半坡陶罐上畫的魚，他們能用簡單的交叉網格象徵複雜的魚鱗。而且他們用黑色塡滿魚的背部，用白色畫出魚的腹部，以不同色彩表現一條魚的生動形象。這說明了他們已經有了象徵的概念，懂得用簡單取代複雜。

半坡遺址讓我們觀察到：雖然只是一個陶罐，可是他們已經擁有立體雕塑的能力，同時也擁有平面繪畫的能力。這是陶器歷史中，非常值得注意的特色。

此外，中國河南省，有一個地方名爲「廟底溝」，在這裡出土了距今約六千年前的文物。

「廟底溝」遺址出現了一種底部小，頂部較大的碗，上面也有非常漂亮的彩繪。可是這個彩繪跟半坡遺址的彩繪不太一樣。半坡的彩繪中，我們可以輕易認得出魚的形體跟象徵性的魚鱗；可是「廟底溝」陶器上的彩繪卻是以抽象的圓點、細線，還有擴大的面來裝飾的。

很多現代藝術家非常著迷「廟底溝」的彩繪藝術。他們幾乎不能想像幾千年前，人類的繪畫已經發展了抽象藝術。從陝西半坡的象徵藝術，一直到河南廟底溝的抽象藝術，這是人類創造歷史上又一個向前跨越的里程。

第五講

安土敦乎仁——農業定居與陶器製作

農業社會文化的人不會絕望，
因爲他知道冬天之後又是春天。
冬天萬物枯死，
象徵生命的消亡，
但是生命會再輪迴，
重新回到春天。

土地是人類安全感的來源

石器時代，當人類還在曠野中尋覓、追逐野獸時，他所置身的環境，是一種不安定的狀態。人類定居以後，「泥土」被認識了。「泥土」是石器時代之後，人類發現的新物質。人類利用泥土來製作陶器，是人類的歷史文明發展中，很重要的階段。「土」是能給人類安全感的物質，它帶給人類許多肥美的記憶。

五穀雜糧都必須依賴土才得以生存，因此土地往往給予我們「母親形象」。母親的懷抱，更是給予人類美好、安定、飽足的記憶；然而工業革命以後，人們漸漸不再依賴泥土。但回顧歷史，最近的一萬年裡，與人類生存最密切的東西就是「土」。

居住在繁雜的城市中，人類從早期以農業爲主的社會型態的發展，到逐漸脫離農耕爲主的鄉村，人口不斷地向都市遷移，工商業持續發展的結果，人類不再需要跟泥土有這麼深的感情了；但偶然間回到鄉村、小鎭，尤其走在田陌當中，我們仍可以感受到一種安定感。

所以，《易經．繫辭上》裡有一句：「安土敦乎仁，故能愛。」

「安土」意卽安定在土地上，而「敦」是一個動詞，解釋爲去做、去完成或種植，「乎」則是個虛字。「仁」這個字的解釋則比較特別。由於孔子在他的哲學裡常常提到「仁」這個字，所以這個字通常會被解釋成抽象的意涵。但我們可以從另外一個角度來思考「仁」這個字。

從嗑瓜子的「瓜子仁」，或是「杏仁豆腐」的「杏仁」，「五仁月餅」的「五仁」，我們可以發現「仁」就是在很硬的外殼下包覆的柔軟東西，也就是種子。

孔子喜歡用「仁」這個字的原因，是因爲每顆種子在硬殼保護下的柔軟部分可以發芽，所以也就是生命的泉源。因此孔子用「仁」來形容這層意涵。

所以當人們問及孔子什麼是「仁」？「仁」後來被儒家註解爲「生生」，從白話的方式來說，意思是指生命必須受到充分的生長。因此，「安土敦乎仁」指的是人類開始把種子種在土裡，等待發芽。而《易經》這句話下面還有一句「故能愛」，表示農業社會中，人類漸漸開始懂得互助互愛了。

《易經》中保留了人類從狩獵時代不斷遷徙到農業定居的生活方式。在現今蒙古地區，我們還可以看到逐水草而居的游牧民族，他們的蒙古包拆了又蓋，蓋了又拆，過著不斷遷移的生活。

從遷徙到定居

農業的工作，春天把一顆種子放到土裡，讓它發芽，然後插秧。他們必須經過漫長的夏季，到了秋天，才可以結穗、收穫。

所以生活在農業社會的人，在這段漫長時間中逐漸養成定居的習慣，才會有「安土敦乎仁，故能愛」發生。

爲什麼要先「安土敦乎仁」才提到「愛」呢？

愛是指人類彼此間互相照顧、關心。農業時代來臨，人類從原來狩獵時代彼此鬥爭、衝突的關係，改變成社區或族群互助的結構。

農業社會，不是個人獨立的生活方式，因爲農忙的時候，大家會去搶收農作物。如果不在收穫這段期間，將稻麥收割下來，可能農作物就腐爛了。所以農業型態的社會結構形成非常強的互助性，通常是幾戶人家去幫忙另一戶人家，將農作物收割完成，戶與戶之間，不斷輪流互助，幫忙收割農作物。

當人群的愛開始出現，發展了社區的情感，人類的倫理便漸漸培養出來。所以「安土敦乎仁，故能愛」這句話其實就是農業生活的寫照。

從婚姻來說，農業與婚姻制度也有著非常大的關係。農業時代來臨之前的狩獵時代，人類男女關係常是雜交的情況。因爲在無法定居的游牧生活裡，受孕的母親可能不知道父親是誰。因此《白虎通義》中說：「民人但知有母，不知其父。」意思就是孩子出生的以後，因爲不知道父親是誰，只能以母親爲中心，因此發展了母系社會。

但是到了農業時代以後，固定的婚姻關係出現了。男女的情感穩定下來以後，家族倫理關係也開始發展、穩定。這都跟「安土敦乎仁」息息相關。

從這樣的背景，我們才能了解農業與人類倫理的關係。並且我們才發現，距今一萬年左右，我們的文明才轉變成父權社會。

因此，我們看「男」這個字，上面是個田字，下面是力字，意思是指「男子是農田裡的勞動力」。在這麼漫長的時間中，東方世界的農業社會，特別重視生男孩子，原因在於「男」才是生產力的來源。女孩子則結婚嫁到別人家去，不能爲自己家裡的生產貢獻力量。

所以從《易經．繫辭上》的「安土敦乎仁，故能愛」這句古老的話語中，我們開始了解農業、土地與製陶給予人類的意義，並使人類進入另一個文明階段。

手工編織的情感

一萬年前左右，經過漫長石器時代的人類，初步有了安居樂業的感覺。人開始定居在固定的土地上，對泥土產生了非常深厚的感情。「土」代表了很不同的情感，人類開始在這裡進行播種並等待它發芽。

但是工業時代來臨，人與土地漸漸疏離了。

我們發現，人在土地上生活會培養出耐性，現在我們會覺得城市的生活步調非常快，因爲工業與商業都講求速度。

我們回想，農業出現以前的游牧與狩獵的時代，也是講求速度。在地球上，並不是每個族群都能幸運生活在一塊肥沃的平原與河流。因此游牧爲主的民族，他們遺留下來的歷史記憶，都比較凶猛飆悍。而從「飆」這個字裡，也有速度性存在。他們奔馳在原野上，獵殺野獸，他們的動作必須非常迅速矯捷，讓我們聯想到血淋淋的印象。

所以當我們讀到「安土敦乎仁，故能愛」這句話，表示農業讓人類心情有了不同的體會了。因爲人類從此可以靜靜地坐在土地上，等待種子的發芽。

《孟子》裡有一則「揠苗助長」的小故事。這故事就是說一個人因爲等待種子發芽，等得不耐煩了，就把秧苗拉高，看秧苗會不會長得比較快一些。

「揠苗助長」這個故事是諷刺當時宋國人的愚昧，因爲沒有等候的耐心，秧苗當然就死掉了。然而，經由這則故事，我們也發現農業民族一定會培養出的堅韌耐心。

換言之，我們可以從一個在小鎮文化或農業文化生長的人，看到他身上樸實的個性，以及耐心。

我的童年走過台灣農業時代，那時候可以在小鎮裡看到家家戶戶用藺草編織大甲蓆。大甲蓆的編法非常繁複，因爲藺草是非常細微的植物，而且要在過程中編出許多花紋樣式非常耗時費工。他們卻可以花費相當長的時間，編織出一張張精緻而漂亮的蓆子。

相對於現代工業所講求的「量產」，工業革命起源最早的歐美各國，販賣最貴的商品，卻都是手工製品（handmade）。因爲手工製品強調的是工業化以後，機器量產無法找到的情感。

所以如果你仔細比較，會發現手工所做的蓆子，它的編織方式與機器是截然不同的。因此，我所珍惜的並不是手工製品本身，而是手工製品背後，傳達了農業社會培養出的穩定、樸實。

讚頌土裡土氣

「土裡土氣」，現在用來形容一個從鄉下來到大城市的人，他的穿著、品味跟不上城市的流行。但我們不要忘記，「土」也可能是一個好的形容詞，不一定都是負面的意涵。「土」，象徵樸實、穩定、厚重，也能形容一個人性格木訥或者包容力強。

從儒家文化來看，孔子非常喜歡「土」。比如說他常常提到的「仁」，就是因爲「仁」是與泥土很有關係的「種子」。

所以，孔子對具有「本土」特色的個性都十分讚美。

孔子說：「巧言令色鮮矣仁。」他十分厭惡太會講話，或者太會奉承的人。現代社會中「巧言令色」的人，很可能是工商業文化中的公關。工商業社會的型態需要口才流利的人來交際應酬，幫助公司的運作以及業績的成長。孔子眞正關心的卻是如果巧言令色只變成一種外在能力，但缺乏內在的誠懇，那麼這種能力是危險的。「巧言令色」的人，很少懂得生命成長的道理，也因此這種人往往缺乏誠懇。

當然這樣二分法，不一定是百分百正確。但也不能否認工商業社會的發展過程，使我們把萬年以來培養出深厚感情的「土」給拋棄了。

我們應該對「土氣」或是「土的個性」，有另一種想法：「土」，是一種讚美！

我們是否要這麼著急地拋棄農業社會裡的美好記憶呢？

消逝的島嶼記憶

我生長的這個島嶼，是農業極爲迅速進入工商業社會的地方。大概在一九七〇年代，我居住的城市，本來有的稻田幾乎全都消失了。

極少人知道現在繁榮的台北市東區，以前馬路邊都是一大片稻田。在這急遽消失的過程中，我所懷念的不是以前城市的景觀，而是過去的倫理，以及原來社區裡人與人互動的關係。這樣的關係，隨著農業一起消失了。這島嶼的小鎮文化，也都被破壞。原來樸素的外貌和人情的厚重，也不斷流失。

可是，當我到工商業發展起步比我們都還要早的歐洲、日本旅行，我發現他們的小鎮文化都能夠完整地保留下來，並保有對土地深厚的情感。

有一次，我到日本的千葉縣旅遊，暫住在日本朋友家中。日本朋友在煮飯時，突然發現沒有蔥了，於是他向隔壁鄰居借蔥，鄰居就急忙從田地裡拔起蔥，然後遞給他。

這一幕，忽然使我回憶起那個純樸的童年。

苗而不秀者有矣夫

播種以後，農夫很關心自己所撒下的種子，並且拿水來灌溉它。

然後，種子發芽了，新的嫩葉從土裡冒了出來。當他見到新綠葉子的時候，喜悅與興奮的心情是難以形容的。

他每天等待農作物成長的快樂與喜悅，就像在等待嬰兒的成長。他希望苗可以愈抽愈長，所以《論語》中有一段話：「苗而不秀者有矣夫，秀而不實者有矣夫。」古人常常講到「苗」與「秀」這兩個字。因爲農業時代的人們覺得植物的「苗」是非常美的東西，所以用秀麗的「秀」來形容這種美好。

所以，如果「苗而不秀」，農民就會覺得十分沮喪和難過，因爲他們認爲可能是水分不足，或者氣溫不夠溫暖。各項條件如果不能配合，苗就沒辦法長好。因此「苗而不秀」在古代經書裡，是一句很悲痛的話。

農夫等待種子發芽的過程中，他希望這棵植物發芽之後，能長得愈來愈繁榮、茂密。所以，漢民族的文字中，象徵美好的文字，往往都與農業植物的生長有關。例如「榮」這個字的意思，就是指枝葉長得非常扶疏茂密，所以我們會用「欣欣向榮」。蓬勃的「蓬」也是草字頭，也表示農作物生長茂盛。

人類坐在他的田畝旁邊，開始有了「阡陌」。「阡陌」是田地旁邊橫與直交錯，用來行走的小路，因此有句成語叫「阡陌縱橫」。

小時候上學的路上，我就常常走在這些田埂之中。

如果你走在嘉義、台南一帶廣闊的嘉南平原上，更可以感受到「阡陌縱橫」的美。這種農業景觀，也帶給人們視覺感受上的美好愉悅。

陶瓷中國

這段時期裡面，人類開始發展出的藝術就是「做陶」。

我們一直強調田地裡的土，是經過選擇的。如果這個田地裡的土塊與石塊太多，那就不適宜插秧播種。

我們現在很難有機會看到種田以前需要放水，要把田裡水放滿，讓田地被水泡軟，然後跪在田裡，用手把石塊選出來丟掉。我小時候，很喜歡跟著這些農民，看著他們勞動工作。他們眞的是跪在田裡勞動選擇自己要的土。這樣的土，就是可以做陶的土。因爲做陶的時候，如果有小石粒混在土裡，燒的時候就會崩掉、破掉。

因此，在教陶藝課的時後，第一步就是要學生「練土」。如果學生懶惰不能像揉麵那樣仔細去選擇泥土，泥土中夾雜著石塊力學不平衡，拉胚的時候就拉不起來了。學生必須要懂得要把土練到最精緻的狀況，陶才做得起來。

做陶的時代，跟農業是一起發展的。

遺址中我們發現到會做陶的時代，一定是農業時代的來臨，也就是人類定居了。搬家的時候，我們會把陶瓷等易碎品用報紙包住以防碰撞而碎掉。因此游牧民族很少做陶，因為他們常常搬家。陶容易因碰撞而破碎，所以他們沒有發展出陶瓷工藝品。

因此游牧民族擅長的不是陶，而是製作皮革。如果到蒙古游牧地區旅行，我們會發現裝酒、水的容器都是「皮囊」，也就是皮革製的袋子。這樣的工藝品，在西班牙也可以看到。

這說明了游牧民族沒有長期的農業發展，所以沒辦法發展陶瓷工藝。

因此，大家可以了解為什麼漢民族最後變成全世界製作陶瓷最強的民族。英文的China，就是指陶瓷。全世界認為最會做陶瓷的漢民族，就是「以農立國」的中國。

中國的農業歷史發展最久、最穩定，我們不但從農業文明發展出倫理，也建立起整個國家體制。

清明時節雨紛紛

到現在這個工業社會，我們還有翻黃曆的傳統。黃曆，就是農民曆，也稱農曆。

所謂農曆，就是跟農業有關的曆法，它讓我們知道什麼時候過年，什麼時候中秋，什麼時候端午。農曆記錄了這些節日，同時也表現了農業民族種植作物的過程中，對節氣的紀錄。

農曆將一年分二十四個節氣，如春分、小雪、霜降、清明、冬至、穀雨、立冬、立夏等等，它告訴你哪一天最熱，哪一天最冷。農民要按著二十四節氣播種、收穫，才不會亂了手腳。所以雖然到了工業時代，農曆還是對人類有著很大的影響力。我們現在過年過節，還是依循著農曆的紀錄生活著。

住在一條河流邊，因爲能夠灌溉，人類發展了農業。

狩獵時代，一旦冬天下雪，人類就沒有野獸可以吃，他就可能會挨餓受凍，因而生活充滿焦慮驚慌。可是進入農業時代以後，只要把握節氣，農業收穫就能比較穩定。當然古代農民還是要「看天吃飯」，如果發生水災、旱災，收成就會有問題。

在江南地區，種植農作物都依照節氣，例如清明前後，就是播種的時間。

因爲「清明時節雨紛紛」是江南的寫照，這時候雨濕潤了土地，剛好適合播種。到了秋天，秋高氣爽的季節，就要收割了。

天人合一所得到的智慧

農業民族生活在大自然裡，對大自然有很深的情感。漢文化講究「天人合一」，人在大自然裡生活著，從大自然的規律學習循環、智慧，以及學到做人的道理。

比如說，農業社會文化的人不會絕望，因爲他知道冬天之後春天又會出現。冬天萬物枯死，象徵生命的消亡，但是生命會再輪迴，重新又回到春天。

所以，東方民族往往有輪迴的觀念，這與農業發展中的季節循環有著相同的意義。

宇宙自然哲學，變成人類倫理哲學。儘管老人家身體漸漸老壞，他也不會覺得驚惶。因爲他看著孫子長大，在生命的盡頭重新看到自己童年的快樂。衰老與新生構成一個圓，一個周而復始的循環。所以我們說「老小老小」，就是指老人家年紀大了，脾氣會像個孩子一樣。

因此在農業社會，常常有一幅祖孫和樂融融的畫面。但是工業社會的老人家就很辛苦了，他們可能被安置在老人院、安養院，切斷了和孩子的關係，經常感到孤獨。

農業社會的家族結構，則讓你感覺生命的美好。我無法想像有另一個社會，比老小在一起有更好的設計。孔子說「老者安之」，就是希望老人家在生命靠近終點的時候，能有重新開始的快樂。因此農業民族發展出的倫理，對人類生活方式發生了很大的影響。

農忙時候，常常要趁著節氣趕著去播種、趕著收割，可是在農忙之間、收割之後，可能就有一段時間比較空閒。

休閒時間做什麼？

農忙之後會有節慶，例如過年。農民辦桌請大家吃飯慶祝豐年，安慰自己一年的辛勞，也讓下一個年忙起來之前，有一段時間好好休息。休息時間裡，人類開始發展文明，發展了唱歌、跳舞、表演等休閒娛樂。

所以我們看《詩經》，這是一部非常美麗的農業詩歌，它是在農田流傳的，是不識字的男女唱出來的歌，也就是民謠，而不是所謂知識分子那種高深的、離一般人很遠的詩。

例如《詩經．國風．周南》的〈關雎〉：「關關雎鳩，在河之洲，窈窕淑女，君子好逑。」這段話就是一個種田男子看到採荇菜女子，而唱歌取悅她的歌。《詩經》這首作品，正是農業優美生活的描繪。

「旦」的象形文字

《詩經》還有一首〈女曰雞鳴〉，裡面有一段：「女曰雞鳴，士曰昧旦。子興視夜，明星有爛。」這首詩的背景是一對結婚夫婦。妻子說，雞叫了；「士」就是男生，先生想多睡一會兒，於是說天還沒亮。「旦」就是太陽從地平線升起的象形字。先生請妻子起來看看，夜晚到底過去沒，結果看見一顆燦爛的星星。

讀這樣的詩歌，我們會感受到農業生活的喜悅快樂。

我們也可以從此體會，住在河流旁邊發展出農業的民族，開始有了不同的美學階段。

第六講

河流與文明

水可以滋養萬物，
但卻永遠都往低處流。
當人類努力爭著往上爬的時候，
水卻甘於平凡，
甘願往下滲透。

西區老台北

人類進入農業社會以後，「河流」與「文明」的關係便開始密不可分。在人類居住的城市中，最早的發展，一定與河流有關。

如果你居住在台北市，不難發現最老的台北，就是從淡水河發展的。當城市漸漸邁向工商發展，河流就常常被遺忘在角落。所以，現在的台北市，重要的商業區似乎都與河流沒有關係了。追溯台北城的歷史，會發現淡水河是孕育台北的臍帶。城市是個孩子，如果沒有河流這個母親餵養哺育，城市是無法發展起來的。

台北這座城市的臍帶就是「淡水河」。

進一步探討這條河流的地理脈絡，淡水河最上游是新店溪，新店溪從南邊慢慢地轉移進入到台北盆地。這條河流經許多地方，例如商業發展歷史悠久的「萬華」，有龍山寺、夜市、商店街等等，因爲這裡曾是台北因河流發展時刻最繁華的市鎮。

這個市鎮是個「河港」，萬華最早期的名稱叫「艋舺」。「艋舺」這個語詞的發音，源自於台灣平埔族的語言，並不是漢語的語系。平埔族語言之所以稱作「艋舺」，是因爲早期的少數民族平埔族，有一種獨木舟叫做「艋舺」，必須靠它做爲商業交易的交通工具，而這個船聚集最多的地區就形成一個港口，就稱爲「艋舺」。

淡水河由南往北流出去，這條河流的出海口也就是所謂今日的淡水。

十九世紀後期淡水河的老照片裡，河面上有各式各樣的船隻往來於這條河流，貨物從淡水河口運送進來：可能是從中國沿海的瓷器、食品、農作物，或來自遙遠的南亞運送來的香料。然後，船隻可以一直往上游走，停留在艋舺，許多船隻在這裡大量地下貨，並且直接批發到各家商店，因此這裡是買東西最便宜的地方。於是艋舺就變成當時最繁榮的商業區域，當時的人要購物都會到艋舺來。

清光緒年間的大稻埕河岸

不幸的是，這條河愈來愈低淺，船隻開始進不來了，只能停留在淡水河的最下游，然後換小船將貨物接駁到艋舺。更久之後，艋舺逐漸沒落。沒落的原因，是因爲有新的河港代替了它，這個新港的城市就是大稻埕。

日據時代，大稻埕已成爲台北最繁榮的區域。如果大家到迪化街走一走，會發現所有台灣的南北貨物都集中在這裡。因爲當時的船只能停在這地方。

如果我們仔細去探究觀察古老迪化街的商店建築，非常有趣的是，它有一面是街道，就像現在我們買東西商店的門市，但建築後面是靠淡水河邊下貨的地方，也是現在淡水河第幾號水門的區域。

很可惜那地方已經都改建成很高的堤防，很難感受當年的迪化街是依附在河流旁邊發展。由於這裡是陸地貨物與水上貨物交流的地方，也因此慢慢繁榮起來。在我的童年記憶裡，迪化街已是買賣衣物、布料、鞋子、金飾、珠寶的地方，它取代萬華成了的新興繁榮區域。

大稻埕也是台北最早出現西餐廳的地方。這間餐廳就是至今仍在的「波麗露」，而這個名字是以西班牙的一種圓舞曲——Bolero爲命名的。

現在大家只知道台北市最繁華的東區，卻忘了因河流而發展的西區，才是眞正繁華過的老台北。

巴黎的零座標

在我心裡，一直有個心願，就是希望生活在這繁華城市的居民，能夠重新親近哺育這座城市的河流。

有些城市覺得河流就是城市的母親，所以他們懂得感恩，於是把河流治理得很好，讓城市的民眾感受這條河帶來的富裕與繁榮，以及美好的歷史記憶。

法國的巴黎，有一條非常著名的「塞納河」。這條河就是撫育巴黎的母親，巴黎最早就是這條河裡的一個沙洲。

沙洲正是被河流包圍的土地。

古代法國常發生戰爭，所以住在這樣的沙洲是很安全的。居住在河面上，河流本身變成護城河，人們就在沙洲的四邊築起城牆，所以這地方法文稱爲Cité，與英文的City意思相同，也就是「城市」。

這座河流上的孤島，是巴黎最早發展的地方，也就是巴黎的零座標。我們會看到巴黎聖母院有個廣場，廣場上的銅牌雕刻了一個「零」，意思是巴黎從這地方開始，也從這裡做爲測量巴黎城市的距離。

每當我站在廣場前，都會非常感慨，因爲它告訴了世人巴黎是多麼了不起的城市。巴黎都會區現在有一千多萬的人口，但他們不會忘記自己歷史的源頭，是來自一條河流。

歐洲人很清楚河流與城市的關係，例如塞納河孕育了巴黎，泰晤士河孕育了倫敦，台伯河孕育了羅馬。

而我們自己所居住的城市，也有河流來孕育。像是提到高雄會想到愛河，提到台北會想到淡水河；我們可以很清楚明白河流與城市之間的關係，但我們卻沒有好好維護我們的河流文化。

之前提及，早期台北藉著淡水河不斷將貨物運進來，形成了河港城市。艋舺首先繁華，所以那裡有了龍山寺和古老的商店建築。淡水河淤淺以後，人們開始轉移到下游，也就是現今延平北路、迪化街一帶的大稻埕。

日據時代，大稻程已是非常繁榮的河港城，當時不只有貨物可以運送進來，日本人還在這裡修築了一條鐵路，這地方就稱爲「雙連」。因爲它是用來連接水路與陸路的地方。

位於今日哈密街的「四十四坎」（清代）

然而，大稻程繼續淤淺，城市又開始繼續往下游發展，也就是現今保安宮所在的大龍峒地區。

大龍峒也是平埔族的地名，這裡發展出同安人四十四坎的商業建築，也是順沿著淡水河流域的發展。四十四坎店是十九世紀台北士紳在保安宮西側興建的店鋪，每排二十二幢，共四十四幢，所以稱爲「四十四坎」。

所以我們可以看到淡水河沿岸城市，從萬華開始，漸漸往大稻埕、大龍峒等下游地區發展。最後這條河流淤積了，不能再扮演提供商業貿易與交通之用的角色，這條河流漸漸死掉了。

於是，城市廢棄的汙水倒入這條河流，並築起高高的堤防來圍堵。我們徹底忘掉了這位曾餵養這座城市的母親。

對母親如此薄情的城市，遲早會發生問題。

Croissant——肥沃月灣

不只是商業的運輸，還有灌溉。早期的農業社會，肥沃的土壤一定在河流的兩岸。人類生活，都必須與飲水發生密切關連。

我們不只反省城市與河流，還要反省河流與文明的關係。

從歷史的觀點來探究，一萬多年前，亞洲的西部最早的古文明，主要是因「底格里斯河」和「幼發拉底河」這兩條河流發展出來的。這兩條河流之間形成如月亮般彎彎的形狀腹地。

當時法國人開發這古文明遺址的時候，給了這塊腹地非常優美的法文名字，稱之爲「Croissant」（中譯爲可頌），也就是法國人平常吃的牛角麵包。中文便翻譯爲「肥沃月灣」，這個所在的地點，我們稱爲「美索不達米亞」（Mesopotamia）。它是人類最早由河流所構成的古文明遺址。

西元二〇〇〇年，美索不達米亞文明的古物，開始在世界各地巡迴展覽。這些文物是法國羅浮宮收藏的，並且相繼在日本、台灣巡迴展出。

兩河流域，很明顯地是由定居在兩河流域的中央處開始發展的，所以他們有足夠的水源可以用來灌溉，也不必畏懼飢渴與乾旱，這是典型人類依賴河流發展的社會形式。

兩河流域帶給人類長久的安定生活，之後發展出繁榮的「巴比倫文化」。從最早的美索不達米亞文明、巴比倫文明甚至波斯文明，都與這兩條河流有關。當初最肥美的地方，是現今伊拉克一帶。但由於歷經戰爭，使這塊肥沃月灣變成了貧窮的地區。

但是，就考古遺址的觀點來說，兩河流域的遺址，讓考古研究有非常大的進展。原因是在這裡出土了很多當時所使用的器物，尤其是「陶罐」。兩河流域的製陶技術，已經有了驚人的文明形式。

愛美，因耐心而生

羅浮宮所收藏美索不達米亞的陶罐中，最讓人驚豔的地方，是當時的人類已懂得使用亮麗的化妝土來彩繪陶罐，並且在陶罐頸部的地方，拉出頸長腳長的鷺鷥類水鳥圖案，畫成一條條線條裝飾。

農業社會中，人類開始學習裝飾圖案在器物上。所以農業民族的藝術創造力遠比狩獵社會還要高出許多。因爲農業生活讓人類變得富有，農產品的收穫讓他們能夠溫飽，於是他們多了許多悠閒時光，他們就會開始懂得把陶罐畫上漂亮的圖案，想把家裡弄得漂亮一點，會開始戴項鍊，開始有了審美的觀念。人類在生活不穩定，或無法溫飽的狀況，是不可能發展審美觀念的。由此可知，審美必定與人類安定之後的悠閒有關。

美索不達米亞陶罐（西元前五千年）

我們觀看美索不達米亞遺址出土的項鍊，八千年前的人已經能用當地生產的「藍綠松石」（土耳其石）裝飾自己。這種石頭非常漂亮，顏色有的偏藍、有的偏綠。然後把石頭磨成一粒粒珠子，用線串聯起來，做爲頸部的裝飾物。

項鍊的出土，讓我們發現這時候「愛美」的心態已經發生了。

所以河流的文明通常是農業的文明，

而農業的文明有較多悠閒的時間來製作藝術品。這時，人類培養出了耐心，不論是手鐲、項鍊，我們都可以發現耐心的痕跡。而「耐心」，也只有河流旁邊的農業民族才能擁有。

從美索不達米亞兩河流域的古文明，才開始知道世界上，幾個最早的古文明發展都與河流有關。

航行在埃及古文明之中

從美索不達米亞的南邊發展，越過紅海會遇到非洲北部最早的古文明，也就是「埃及」。埃及的尼羅河長達五千多公里，它是埃及文明的由來。要研究古埃及的歷史必須登上船隻，運行在尼羅河當中。

藉此我們可以發現，古埃及文明是沿著河流兩岸發展，而尼羅河兩岸以外的地方，全部都是寸草不生的沙漠。所以我們可以將古埃及文明稱爲「河谷文明」——在兩岸谷地發展出的文明。因爲只有在河流兩岸幾十公里的地方，才可以種植農作物。

當你坐船的時候，所有古埃及的地名都是位於河流兩岸，例如盧克索（Luxor）與阿斯旺（Aswan）。埃及的古文明，從地理的分布來看，是一條長長的線。金字塔、神殿與皇宮，全都座落在五千多公里長的河岸這條長線兩邊。

到埃及旅遊，通常是搭飛機到埃及南方，然後改為乘船，順著尼羅河向北看埃及的古文明。只要船一靠岸，就可以看見眾多的埃及古蹟。由於尼羅河由南往北流，最後注入到地中海。因此船隻由南向北行駛。首都開羅就在下游，而出海口亞歷山大港，就位在地中海沿岸，都位在最北邊。

船行駛到定點，一上岸只需要步行就可以欣賞埃及的文明。

將來若是有人要研究台北的古文明，台北的發展也是位在淡水河的兩岸，並不會離開太遠。所以早期交通工具比較不發達的時候，埃及大多都以步行或是利用驢子來代步，發展的區域也不會跑太遠，因為跑太遠就是沙漠了。

埃及的尼羅河經過廣大的沙漠地帶，只有河流兩岸的河谷是有人居住的。所以，大家可以看到古埃及文明，也是沿著河流來發展的；而這條河流又非常長，因此就發展出南部的上埃及與北部的下埃及兩種不同的政治體制。

所以，埃及長期以來並不是個政治統一的國家。上埃及的國王有隸屬於自己的皇冠與信仰，下埃及也有不同的皇冠與信仰。所以埃及古代有白皇冠與紅皇冠，各自代表上埃及與下埃及不同的政權統治。

後來，爲何埃及會變成統一的文明與國家？

從這當中可以思索到一點，河流的文明常常會發展出「帝國」。尼羅河總長五千多公里，人類必須時常依賴它，若上游的人去破壞或截斷這條水源，下游的人將無法生存。所以他們會贊成統一的帝國體制。古埃及人認爲，必須依靠中央集權的力量才能管理這條流域。

研究古埃及文明的歷史，會發現古埃及發展到最後，成爲絕對集權的帝國。法老王象徵崇高的地位，又具有實質的權力。他還具有神的力量，可以決定河流的使用權。

兩河流域的文明，後來發展出波斯帝國；尼羅河文明，發展出埃及帝國；而在亞洲的中國，因黃河與長江，發展出所謂的中華帝國。這樣的帝國型態，都與河流有關，因爲它需要非常強而有力的中央集權才能管理河流的使用，才能平均分配河流的享有。

生之河流與死之河流

上千公里長的大河流，發展了「大河文明」。我們提到美索不達米亞的兩河流域文明、典型的埃及尼羅河文明以及亞洲的黃河與長江。我們還要加進四大古文明中不可或缺的印度的恆河、印度河文明。

恆河是生之河流，也是死之河流

到過印度的人都知道，恆河至今仍然是印度的母親。

當我到印度旅遊的時候，從瓦拉那西(Varanasi)的鹿野苑城(Sarnath)，航行在恆河中。日出的時候，可以看到當地的人們抱著新生的嬰兒，幫嬰兒洗禮、沐浴，祝福這嬰兒的誕生；也會看到青年人與中年人，圍著一塊布浸泡在河流裡，對著剛升起的黎明，進行瑜伽式的禮拜。

他們認爲，這條河流是生命的泉源。尤其臨終的人，會被帶到河流的岸邊，等待死亡。所以在河流邊會有類似床的木頭搭建物安放著遺體，這些遺體旁邊會裝飾許多鮮花，經過哀禱與誦經儀式，最後放火燃燒。所以，恆河邊的堆堆火光，其實是燒屍體的火燄。燒完屍體之後，剩餘的軀體，就推到河流裡，隨著河流而去。

恆河是當地的生之河流與死之河流。當我去理解古老的文明與河流的關係，會發現河流不僅提供了人類灌溉、運輸功能，還使人類在哲學上發展出深刻的意義。

逝者如斯夫，不舍晝夜

所謂哲學上的意涵，河流構成一種川流不息的感覺。「川流不息」不只代表河流，也象徵時間。

我們都希望能有永續的生命。「永」這個字，就是從「水」字發展出來的，表示河流能夠永遠。所以這些文明的人都開始懂得觀察河流，了解河流的變化，並能夠運用河流，最後就發展出一種智慧。

這樣的概念與智慧，可以聯想到爲何孔子常常坐在河邊，觀看不斷逝去的流水，並發出「逝者如斯夫，不舍晝夜」的感嘆。

逝去的時間，不管白天黑夜一直不斷流去，如水一般不再回頭。孔子對河流的感嘆，其實也是對時間的感慨。

在老子的哲學裡，有一句「上善若水」。這句話的意思是說，沒有比水更具有美善道德的東西了。在這句話下面，老子又講到「水善利萬物而不爭」，意思是水可以滋養萬物，但卻永遠都往低處流。當人類努力爭著往上爬的時候，水卻甘於平凡，甘願往下滲透，這就是「不爭」。

孔子與老子在觀察河流的過程中，體會了做人做事的哲理。

善待這位母親

工商業發展之後，河流被城市人謀殺了，因爲所有廢物都被排放到河流裡，造成魚蝦不生、水草不生。

仔細思考，人類生存都必須依靠河流。所以當我們觀察埃及古文明與尼羅河的關係、印度文明與恆河的關係，以及中國古文明與黃河長江的關係時，應該重新思索這些河流，現今如何被人類對待？

中國的古文明最早是沿著黃河發展的。黃河的上游在甘肅一帶，所以在甘肅的蘭州附近，出土了許多歷史遺址，如馬家窯遺址，就發現了彩繪得非常美麗的陶罐。很多人認爲甘肅上游的古文明，與夏朝時代夏禹王朝有關。

沿著甘肅往下游走，進入到陝西的半坡遺址。七、八千年前的半坡遺址，也有製陶的技術。再往下游走，會看到河南廟底溝文化。甘肅、陝西與河南都成爲中國古遺址的發展區域。

這些地區裡，河南尤其重要，因爲商代文明就是位於河南，在這裡創造了非常豐富的文化。但是，黃河漸漸氾濫，變成人類很大的災難，於是人類只好將堤防愈築愈高。

我們思考一下，黃河爲什麼會氾濫？

因爲黃河流經的河道，被人類剝削占有，河流沒有得到適當的紓解，最後黃河反撲，就造成氾濫。

所以我們可以理解河流與文明的關係，是非常密切的。在這裡提醒研究古文明的朋友：河流是古文明與城市的母親。

善待這位母親，是我們要深深反省的課題。

第七講

埃及金字塔——對抗死亡

吉薩金字塔前有一座巨大的獅身人面像，

面對著正東方。

也就是說，四千年來，

牠一直看著太陽從它的眼前升起。

牠要對抗時間，牠要絕對的永恆。

今昔埃及

人類古文明裡，大家一定會想到埃及。

對於漢民族歷史有點了解的人，我們可以很自豪地說，漢民族的文化可以推到五千年、六千年前的夏、商、周三代。但如果拿漢民族的歷史與埃及做比較，可能埃及還要更爲領先，因爲我們可以看到埃及在將近六千年前，文明就已經達到高峰。因此埃及神祕的古文明，往往成爲大家充滿興趣的話題。

然而，如果我們去埃及旅行，其實我們看到的已經不是古代埃及的文明了。現在統治埃及的是阿拉伯民族，所以在建築上，你會看到伊斯蘭的清眞寺；語言和文字上，也都跟古埃及的文明完全不同。

我們到埃及旅行時，一方面得接觸埃及的現實社會，另一方面又要探討他們的古代文明，這中間就會產生矛盾。如果你去到埃及，帶領你的導遊都是信仰伊斯蘭教的阿拉伯人。當他解釋古埃及文明的時候，他會不會覺得古埃及文明就是他的文明呢？

我想，這個矛盾一定是存在的。在博物館裡向你介紹古埃及文明的阿拉伯導遊，其實是個入侵者，並不是古代埃及人。

這矛盾是談到古埃及文明時，必須釐清的第一個問題。

埃及、中國兩大古文明的宿命

在埃及文明前，特別加一個「古」字的意思是說，這個文明可能已經消失了長達兩千年以上的時間。

大概在公元前三三二年左右，亞歷山大大帝曾經滅亡埃及。他滅掉古埃及之後建立了一個王朝叫「托勒密王朝」，這個「托勒密王朝」，其實是亞歷山大帶來的希臘將領所建立的王國。那麼從那個時候算起到現在，已經二千三百多年了，所以已經不是原有的埃及了。因此，古埃及文明在距離現在兩千三百多年以前已經結束。

如果拿來跟中國古文明做比較，它有一點很不同。中國古代的文明，後來雖然有不同的民族加入，但基本上一直擁有漢族文化的傳統。或者我們講一點最明顯的，就是古埃及的文字，今天大家完全不認識了。它是一種失去解讀方法的文字，它跟現在埃及文字之間沒有任何的關係。現在的埃及文字是阿拉伯文。

我們今天看甲骨文，看夏朝、商朝的文字，它們跟我們現在的漢字還是有關係的。我們接下來會談到黃河流域的古文明，這個古文明到今天所使用的文字和部分語言，還是一脈相承的。雖然中間有些許的改變，可是整體講起來，我們今天寫的「日」字，跟甲骨文裡的「日」字，並沒有太大的差別，它是一直傳承下來的文化。

有一直活著的古文明，也有消失的古文明。埃及的古文明已經死了。

剛才提到的埃及古文字，現在已經沒有辦法解讀。當然，現在仍有人努力地試著去解讀。

埃及古文明之鑰

十九世紀，拿破崙攻打埃及之後，很多學者開始探討埃及的古文明，引發了一陣「埃及狂潮」。

當時法國有一個研究古代語言跟文字的學者叫「商博良」(Jean-Francois Champollion)，這個人從小就是個語言天才；他精通多種語文，但其中最特別的是古代的希臘文。

當時能讀懂希臘文的人也不多，更何況是古希臘文。

後來，法國人在埃及發現了一塊石碑，我們現在稱它爲「羅賽塔石碑」(Rosetta Stone)。

羅賽塔石碑是法國人找到的，本來要被運到羅浮宮，但後來被英國人搶走。所以現在這一塊羅賽塔石碑，要到大英博物館才看得到。

進到大英博物館，在第一層樓收藏埃及的文物中，有一件旁邊擠滿了人。走近一看，不過也就是一塊破破爛爛的石頭，但這塊殘破的羅賽塔石碑，竟然被稱爲「解開埃及古文明的鑰匙」。

亞歷山大大帝建立托勒密王朝的時候，他們要頒布政令讓老百姓遵守。這時候，問題出現了：他不能用希臘文，因爲完全用希臘文，底層的民眾看不懂；他也不能用埃及文，因爲完全用埃及文，又不能建立他是新來統治者的權威。

羅賽塔石碑

舉個例子，一八九五年台灣割讓給日本以後，日本統治台灣時期，政府所頒布的文告一定用日文跟漢文兩種文字。用日文，表示日本統治台灣了；然而，日本政府也承認漢文是當地老百姓使用的文字。

相同地，這塊「羅賽塔石碑」便刻有三種文字：古埃及文字、希臘文字、科普特語（Coptic）。科普特語是當時埃及一個特殊地區的語言。因此這塊石碑留有三種文字的相同政令。

因爲商博良精通希臘文，於是他就利用希臘文去解讀古埃及文字。藉由這樣的方法，才順利把古埃及文字還原，用現代語言加以解說。

克麗奧派特拉——因她還原了埃及文明

今天如果有一個石碑，同時刻有相同內容的漢字及滿州文字的政令，我們可能看不懂滿州文字。但因爲政府頒布的命令內容是一樣的，所以我們可以用漢字的意思來推測滿文的文字結構跟語言模式。

所以，當亞歷山大大帝用三種語言來召告天下的時候，我們就可以用其中一種我們懂得的語言來推求另外一種文字。商博良就是經由希臘文，推測出羅賽塔石碑上的古埃及文字語言結構。

商博良在羅賽塔石碑上反覆推敲，在裡面找到了一個關鍵，就是「克麗奧派特拉」(Cleopatra)。克麗奧派特拉是托勒密王朝中最重要的一個女王，她的名字被保留在這塊石碑上，並且以古埃及文字、希臘文跟科普特語寫成，所以商博良就可以開始解讀了。

這個字在希臘文中，確定是一個拼音文字。而他發現，這個字對應在埃及文字中的位置，也是一個拼音文字。

他發現，古埃及文字跟我們想像的很不一樣。

我們看到，古埃及文字會有像貓頭鷹、魚等動物樣貌的象形文字，它們甚至是比中國古代的象形文字還要漂亮的美麗文字。

可是，經由商博良的研究，他發現那些圖像其實是拼音字母，不是象形文字。古埃及文字其實是拼音文字。所以，他就把古埃及文的「克麗奧派特拉」這幾個字拼出來。拼出來以後，他就可以用拼音的規則，慢慢把很多很多字拼出來。

他最早拼出來的字，多半是古代的法老的名字。因爲埃及文字中，只要是法老的名字，外圍就會有一個像戒指一樣的圈圈，現在有人翻譯成「王名圈」。這個符號，用來表示人的特殊地位。這種概念有點像我們寫文章時，寫到某一個偉大人物的時候，名字前要空一格，以示崇敬的道理。

王名圈

所以，商博良解讀了很多埃及古代的法老王的名字，然後也開始把一些字母解讀出來，推測埃及王位的世襲。

埃及的世襲制度，是從第一王朝、第二王朝、第三王朝開始，直到大概第十八、十九、二十代王朝以後，慢慢就變成希臘人統治。因此，世襲朝代雖然可以延續到三十代，可是後期就已經不是古埃及人建立的政權了。所以，大家常常講的「埃及豔后」克麗奧派特拉七世，其實是一個希臘女王，而不是眞正的古埃及人。

當時的埃及已有很高的文化水準，而且有自己的傳統。外來侵略者的語言和服裝都和當地人民不同，他們不一定能服衆。所以這個外來的希臘政權很聰明，他們就讓自己看起來是荷魯斯的後代。荷魯斯就是先前說過，到埃及旅行時會看到一個鷹頭人身的法老。他是埃及神話故事裡，第一位承接神的意旨來到人間的法老王。古代的政治往往和神權結合在一起。

希臘人爲了統治埃及，自己也開始戴起了埃及的假髮、頭巾，穿起埃及服裝，讓自己扮演古代法老王的角色。因此埃及豔后也把自己打扮成荷魯斯的樣子。那表示著：我們並不是外來政權，我們是合法被「授命」來統治埃及的。

埃及人就接受了。

後來，羅馬帝國興起，滅了托勒密王朝。

埃及豔后是最後一位爲了埃及古文明而掙扎的女王。

在她統治的時期，爲了保有自己的權力，於是跟羅馬帝國的大將凱撒（Caesar）生孩子。後來凱撒失敗，她又跟安東尼（Marc Antony）在一起。

她一直利用自己的女性特質，希望能夠掌握埃及的統治權，可惜最後還是功虧一簣。

拿破崙喚醒沉寂已久的埃及之謎

後來，羅馬帝國滅亡埃及，埃及從此變成羅馬的一個省。兩千多年來，再也沒有人想起過它的輝煌。

直到拿破崙時代，才重新引發大家的好奇。

爲什麼要等到拿破崙時代？

其實，拿破崙是一位成功的統治者，並非我們所想像的一個粗魯軍人。大家都認爲拿破崙只會打仗。可是當拿破崙攻打埃及的時候，他帶了二十三個考古學家到埃及做研究。曾在台灣展出的古埃及文物展，絕大部分是拿破崙帶著考古隊研究整理出來的。

他一面打仗，一面做地底下的挖掘，然後任命學者們編出了六大本的《埃及記行》。這六大卷書，保留了他們對金字塔、古代埃及神殿，以及古代埃及美術、文字的研究。

當時，拿破崙自己非常看好埃及的古文明，他引進了埃及獅身人面的造型應用在家具上，引發了埃及狂潮。這對埃及的考古來說，是非常大的推動力量。

神祕的吉薩金字塔群

埃及有很多金字塔。可是我們在電視、圖片、明信片裡最常看到的都是出開羅城以後往西走，過尼羅河以後三座並排在一起的「吉薩金字塔群」（Giza Pyramids）。

吉薩金字塔群距離我們已有四千五百多年，這麼久以前，地球上沒有發展出太進步的文明。可是，當時的埃及人已經懂得用數學、幾何學、建築的力學，蓋出這麼雄偉的金字塔。

吉薩金字塔群的三座金字塔，全部是四邊等長的角錐體，如果沒有極度高明的數學知識，根本計算不出來。

最驚人的發現是金字塔底部的四個底邊，其中最大的「古夫金字塔」，每一邊邊長大概是兩百三十五公尺，而這四邊正好對著正北、正南、正東、正西。人類要正確掌握方向並不是很容易的事。在幾何學上，要有很精確的丈量方法，才能夠掌握絕對的方向。建造金字塔，絕對牽涉到天文的知識。因爲定位正北方，一定跟星星有關。定位正東，一定跟日出的方向有關。

這些都需要很精密的計算，才能完整地體現在金字塔上。

現在我們去參觀金字塔，可能只是因爲好玩。但如果我們仔細思考，裡面隱藏了非常多古文明智慧的遺跡。

上帝遺留的指紋

開羅附近的最有名的吉薩金字塔，現在被認定是古夫王（Khufu）所造。古夫王距今約有四千五百年了。

最近有一位英國記者、考古歷史類暢銷書作家葛瑞姆．漢卡克（Graham Hancock），出了一本書叫《上帝的指紋》（*Fingerprints of The God*）。這本書探討了地球上的文明，究竟是不是第一次的文明？現在的文明，有可能是地震、洪水等浩劫過後，整個舊文明被毀滅後重新建構的。

作者認為，在災難降臨之前，有可能存在著另外一個文明。所以，如果是上帝創造世界的話，祂留下了一些痕跡，讓你知道人類在幾千年以前曾有高度的文明發展，所以稱為「上帝的指紋」。

當然這樣的推論還沒有結論，大家不必立刻相信這是百分之百正確的推測。可是這本書讓我們知道，用我們今天的智慧和科技，都無法解釋埃及的吉薩金字塔到底是怎麼蓋出來的。

建築金字塔內部墓室所用的石頭，是從南邊的阿斯旺運來的花崗岩。當時有什麼樣的機械力學可以搬運這麼大塊的石頭？運輸的能力，以及架起金字塔的能力，都需要高度精密的計算。

金字塔沒有利用任何混凝土這類黏接的材料，而是經過幾何學計算後，將石頭裁切，再一塊一塊嵌在一起。有一點類似用堆積木的方式堆起石頭，然後像鑲寶石的方式，將石頭一塊塊鑲進去的。

然後，這些金字塔，在沙漠上屹立了四千五百年。

如果這個時間的數值推算是正確的，那麼，經過這麼長的時間，石頭並沒有風化，而且石頭跟石頭間的縫隙，竟然能密合到連紙都插不進去。建築學家都認爲，現代的建築技術還做不到這種程度。埃及人在四千五百年前，究竟是靠什麼能力完成的？

所以《上帝的指紋》作者認爲，在數千年以前應該有個更高度的文明存在。但這古文明可能經歷浩劫，只剩金字塔還倖存下來。

金字塔——翻過來的舟

在這本書也提到，如果我們到吉薩去參觀金字塔時，金字塔旁邊有一艘古代木船。這艘船的規模，不是在尼羅河航行的船，而應該是在汪洋大海裡航行的船。

這艘四千五百年前遺留的大船，讓我們發現那時候的造船術，也是很不可思議的。

在《上帝的指紋》這本書裡，認爲古埃及建造金字塔的方法與造船術有關。大家不解的是，金字塔跟船，這兩種東西的形體不是差很多嗎？怎麼會有關係呢？

造船的方法，是用一塊一塊木頭往下建造，再往船舷兩邊建造，最後形成一個尖型的底部。我們做一個假設，如果把船翻過來，它就是一個金字塔的造型。

讓我們想想，爲什麼？

我去埃及旅行過三次，但最後一次才到金字塔內部去看。金字塔內部的石頭，是一塊塊疊上去的。我可以很清楚看到，每塊石頭之間的關係，就像造船時木板之間的疊壓，最後形成一個尖端。

如果我沒有像前兩次，錯過進到金字塔裡面參觀的機會，那我可能永遠不知道這種結構。可是進到金字塔內部行走的時候，那個類似船底部的結構就非常清楚了。

當然這些問題還有待更多的考古知識來做解答。

有很多電視節目也在探討古夫王的金字塔、沙卡拉（Saqqara）的金字塔。他們還不知道金字塔內部究竟有什麼東西，金字塔裡面好像充滿了一個又一個連人都還不敢進去探測的謎團。所以他們利用鑽孔的方法，把攝影機放進去拍攝。

我們對於古文明所知有限，在「美的曙光」初起時，還有乍明乍滅的曖昧懵懂，也因此充滿了神祕性。

金字塔怎麼蓋起來的？蓋起來要做什麼？對我們來說是一個古文明永遠的謎。

據說當時是爲了宗教原因。因爲埃及人相信人死掉以後，他的靈魂「卡」離開了。所以把屍體做成木乃伊，放在金字塔最中央的部分。

他們認爲那個金字塔中央的部分，是能夠通靈的。而且我們發現那裡有一個很細小的孔。過去探討金字塔的人都認爲這個孔是通氣孔，但現在證實不是的，這個孔是跟天上的星象有關，它直接指著天上的某一顆星。這的確表現出埃及已有特殊的天文知識，或是宗教信仰。

最奇妙的是，我們發現，現在金字塔裡面的這些木棺打開以後，木乃伊都不在裡面。三座金字塔的木乃伊都不見了，我們不知道什麼原因，也不知道這些木乃伊到哪裡去了。這些問題都有待做更進一步的探討。

如果我們不把金字塔推到神祕主義的經驗，我覺得，在人類文明的歷史裡，金字塔是個非常令人驚豔的角錐。

角錐體底部大，頂部小，是地平面上最穩定的造型。它也象徵埃及的社會結構，金字塔的頂端是法老王，而後它有層層階級的安排，比如說貴族階層、祭司階層，到底下的老百姓，然後到奴隸階層，這些訊息是非常有紀律的結構安排。

埃及古文明非常有紀律性，從法老王的命令下來，中間有條不紊，貫徹得非常徹底。但是，古代埃及統一尼羅河上下游五、六千公里，要統治這麼大的帝國，他的政令怎麼去貫串？

這也是一個難解的祕密。

因此在金字塔裡，我們看見了埃及古文明的縮影。

無法解釋的埃及古文明之謎

嚮往埃及的人，站在吉薩金字塔群前面，一定有被它震懾住的經驗。

這是個很奇特的記憶。不管看過多少次影片、明信片，到了現場時你無法想像這麼龐然巨大的角錐體，是四千五百年前人類用他的手完成的造型。

通常我帶了一群朋友到埃及參觀金字塔，除了介紹一些簡單的歷史背景之外，我就會給大家很多時間，要他們自己走一走，去感覺一下那種奇異的空間感。在你面前的金字塔是這麼雄偉的量體，不是明信片上小小的角錐。

宇宙中有這麼一個雄偉的量體矗立在你面前，你感覺到自己好渺小。

位於阿布辛貝的拉姆西斯二世神殿

我們常常探討，什麼叫「美」？「美」，會讓你感到震撼；「美」，會讓你無法用言語表述。這時，你好像忽然湧起生命裡一個很深沉的東西，忽然覺得自己可以跟金字塔對話。

更具體地說，「美」是因爲人用他的手完成了一個高難度的工作。這高難度包括了幾何、天文、曆法等，以及各種科技的結合。

另外有些天文學家還發現，這三座金字塔的位置，剛好呼應天上獵戶星座中間腰帶三顆星的方位。埃及南部的阿斯旺有座阿布辛貝神殿，是拉姆西斯二世 (Ramesses II) 的神殿，走過長達六十多公尺的柱廳，在最深處可以見到拉姆西斯二世與三座神像坐在那裡。然而，每年二月二十一日與十月二十一日，太陽的光會直接穿透柱廳，剛好照在拉姆西斯的臉上。

到現在爲止，我們也還無法解釋，古代的天文學爲什麼可以計算到這麼精準的程度？因此我們會用「不可思議」四個字去形容，到現在都還無法解釋的埃及古文明之謎。所以，「美」，是不可思議的。

理性可以判斷的事情，我們通常都不覺得美。當你覺得不可思議、超越理性的東西，我們才會說：「唉呀眞是美！」就像我們面對夕陽時，感受到的那種燦爛輝煌。這種感覺是畫家無法用畫筆陳述出來的壯碩。

美存留在人的歷史中，是一種難以形容的感覺。這種感覺在古埃及文明裡面，用了一種非常精確的、一種近於數學公式般完美的姿態，表現在金字塔上。

殊途同歸的絕對與綿延

所有的人只要一想到埃及，腦海浮現的景象一定就是金字塔。世界上沒有幾個民族留下的造型，會跟這個民族記憶產生這麼密切的關係。除了埃及金字塔以外，就是中國的長城了。

這些造型，我稱它爲民族「美的符號」。因爲它已經超越了短暫的朝代興亡，變成永恆。埃及的金字塔、中國的長城，是人類用手在地球表面上留下了他存活過的痕跡。卽使所有的歷史都成了雲煙，但那些歲月凝聚成一個美的符號。

所以站在金字塔面前，跟站在長城面前的感動其實是一樣的。

這兩種感動殊途同歸，但是體會的過程有些差異：金字塔有一種「絕對性」，而長城是一種「綿延感」。

「絕對性」的意思是，金字塔是要來對抗死亡的陵墓，所以它用封閉的三角形把木乃伊保護在裡面，意思是要拒絕死亡。他要用金字塔封閉住肉體，對抗外在時間在人身上造成的衰老死亡。

而長城，如一條攀爬在大地上無始無終的線。我在中國不同的地方分別看過長城，可是你會發現它看不到頭，也看不盡尾。

讓我們想像，幾千年前，天蒼蒼野茫茫的中國北方，你忽然看到人類用他的雙手，一磚一瓦堆砌長城。這條線，綿延五千公里，綿延千年。

所以，金字塔之所以美，長城之所以美，因爲那是人類在地球上留下了文化記憶。

「美」，就是人類集合千年的文明發展，凝成的永恆不朽。

當這些歷史都過去了之後，卽使我們身爲一個對埃及古文明一無所知的觀光客，但只要站在金字塔前面，立刻會被它的美所震撼。

吉薩金字塔群前，有一座非常巨大的獅身人面像，面對著正東方。也就是說，四千多年來，牠一直看著太陽從它的眼前升起。牠要抗拒時間，牠要絕對的永恆。

因此，不論是物理學、考古學、社會學、歷史學、天文學……，各領域的專家站在金字塔前面，都會發出一聲「美極了」的驚歎。

這是古埃及人爲人類留下的美麗記憶。

第八講

美索不達米亞文明

你忽然發現，即使這地方變成了伊斯蘭教，
可是好像還傳承著古老的美索不達米亞精神。
因此我們談古代文明，
那看似死去的文明，
其實在我們身上還遺留著強大的力量。

河流哺育城市

人類最早的文明，幾乎都跟河流發生了不可分割的關係。我們提到了幾個古老的文明，像印度的文明，來自於印度河、恆河。我們也提到了古老的埃及跟尼羅河之間的關係，還有中國古代的文明跟黃河、長江的關係。每一條河流就像連接母親跟嬰兒的臍帶一樣，滋養並豐富了一個文化。我們也提到，任何一個聚落、任何一個城市，其實也都可以找到一條餵養它的河流，就像台北市跟淡水河、巴黎跟塞納河、倫敦跟泰晤士河、羅馬跟台伯河的關係。

每一條河流又怎麼樣去灌溉大地，怎麼樣使人居住在河流的兩岸，開始發現他們的文化？塞納河，到今天還是巴黎重要的中心位置。所以大家常說河的右岸、左岸，就是因爲所有的文化都是從這條塞納河兩邊發展的。一個豐富的城市文明，會不斷地以這條河流做爲一個中心點，發展出文化的年輪。

但現代社會工業、商業的發展，漸漸切斷了農業時代人與河流的互動。就像台北市逐漸把繁榮的西區，遷移到了東區。而所謂西區，也就是沿著淡水河發展出來的繁榮的河港。西區城市慢慢沒落之後，東區就漸漸繁榮起來。

如何在一個城市轉型的過程，能夠不忘掉原有餵養它的河流，是近代文明非常關注的問題。

所以，大概在工業革命之後，尤其到二十世紀的後半期，我們看到很多先進的國家都努力地使被汙染、被遺棄、被堤防高築的河流，重新被城市居民認識。

拆掉堤防，清除河流的汙染，可以讓人們更親近水。而現代人要刻意「親水」，表示我們與河流不再擁有過去的依存關係。

河流像一個母親，養大了城市這個孩子。城市這個孩子後來忘恩負義，棄養了母親。河流被都市的人汙染了以後，用堤防把它高高地圍起來，變成一個荒涼的地方。

現在我們終於拆掉了堤防，清除了汙染源，讓河流能恢復乾淨面貌。都市人現在可以坐在河邊。城市人重新喚回母親，重新體會感謝與敬重。

今天談到河流的文明，它的意義非常不同。

人類對河流，是重新懷抱著對母親的情感，再去認知的古老文明。

世界文化的起源？

所有被河流餵養的文明中，最應該被提出來的就是美索不達米亞。

美索不達米亞，就是我們今天所說的伊朗、伊拉克這些地區。這裡發展出人類最早的文明。美索不達米亞古文明，比埃及、中國、印度都還要早。因此，很多人認為，世界文明如果有一個起點，那可能就是源自美索不達米亞。

在這個地方發展出的古文明後來往不同的方向發展：歐洲地中海沿岸、埃及、希臘，西歐的英國，亞洲的印度、中國，也都是從美索不達米亞發展的。也就是說，美索不達米亞文明，往東發展，往西發展，各自發展成了世界文化。

當然這個觀點目前還沒有完全被考古證實，可是美索不達米亞這個地區，大概是人類發展出高度農業文明最早的一個地區。

美索不達米亞發展出的農業文明，當然跟河流有關。所以這個地區也有一個大家不陌生的名字，叫做「兩河流域」。這兩條河流，就是幼發拉底河和底格里斯河。

我們讀古代歷史的時候，從小學到國中我們都會讀到這兩條河流的名字。但這些名稱很有趣，我們過去一直覺得它是非常非常古老的名稱，好像只存在於古代。可是由於戰爭，在媒體報導裡，我們又看到底格里斯河、幼發拉底河的名字。這塊曾砲火連天，慘遭戰爭蹂躪的土地，竟然是我們在歷史上讀過，具有高度文明發展的兩河流域。

幼發拉底河和底格里斯河的位置是略為平行發展的，在這兩條河之中，構成了一塊彎彎的、好似新月狀的土地，由於大家利用這兩條河水灌溉農作物，所以這塊月形的土地非常肥沃。

先前提過，最早在這裡進行考古研究的，多半是法國學者，他們爲這塊肥沃的土地取了一個名字Croissant，這個字在法文裡面有兩個意思，一個是新月，還有一個意思是牛角麵包，所以就有人把這塊土地翻譯成「肥沃月灣」。

這土地，就是美索不達米亞文明的起點。

黃沙漫漫中的巴比倫

美索不達米亞的文明，比起印度文明或埃及文明，大家可能陌生許多。因爲親自去過底格里斯河、幼發拉底河的朋友，事實上還是少數。當然也是因爲這些地區，從二次世界大戰以後，時常處於衝突狀態，所以造成今天波斯灣地區，總是戰雲密布。

我們從古老的歷史來看，美索不達米亞這塊土地，是兩條河流構成的「肥沃月灣」。這裡曾經是許多民族安居樂業的地方，因而他們在這裡創建了高度的文明。

西亞這塊非常肥沃的土地上，其實沒有什麼山脈、河流等可以防範敵人入侵的天險。所以如果必須防守的話，一是靠河流，另外就是靠建立非常牢固的城牆。

十八世紀左右，很多歐洲學者開始對古老的美索不達米亞文明發生興趣，所以他們就住在這個地區，進行很多考古的挖掘工作。

大家都知道美索不達米亞平原古代曾有一個「巴比倫文明」。可是，巴比倫不見了，大家根本不知道歷史上的巴比倫究竟跑到哪裡了？還有人傳說巴比倫人所建造的「空中花園」，曾是世界上古代七大奇景之一。可是，今天巴比倫文化完全被毀滅了。這個地方，只有黃沙漫漫，其實看不到什麼文明的遺跡了。所以考古學家就往地底下挖。他們相信這些古代的文明應該還被埋藏在地底下。

當時英國、法國這些比較強勢的國家，他們進行了很多考古的投資。比如說法國的羅浮宮，在國家的支持下養了一批考古學家，讓他們住在底格里斯河跟幼發拉底河岸進行考古工作。他們長年領這份薪水研究文物，帶領當地的民衆做很多的勘察。這一批考古學家，的確發現了將近一萬年前的古文明，很多文物陸續出土。出土的這一批東西並沒有留在當地，而是被運回了羅浮宮。

在當時，這些地區還處在很落後的狀況，他們沒有什麼文化保存和民族意識的概念。這有點類似清朝末年，當時敦煌的文物被英國人、法國人發現，滿清就讓他們一車一車載走。一個弱勢國家，他們根本無法自保，對文化也沒有這麼高度的認知，就只好任人掠奪。

所以，美索不達米亞最好的一批文物，都運到了羅浮宮。現在到巴黎羅浮宮參觀，會看到一座特別的陳列館，專門展示美索不達米亞從十八世紀之後一兩百年來陸續出土的文物。伊拉克雖然禁止外來的考古，他們的文物都保存在自己的國家博物館裡，但其中精采的文物現在也都已經移走了。

我自己在德國、法國、英國看了非常多美索不達米亞出土的東西。巴黎的收藏，多半是比較文物性的，例如說那個時代的陶罐、石雕等作品，或是漢摩拉比法典。漢摩拉比法典是這個地區出土最有名的文物，現在也保存在羅浮宮裡。

民主與帝制

繼巴比倫之後，在這塊土地上興起的就是波斯帝國。

大英博物館收藏了波斯王朝的古代宮殿。這座用石頭砌成的宮殿，整座從美索不達米亞被英國人搬走了。

當你走進這座展場時，根本像走進古代美索不達米亞平原上的波斯王城一樣。

波斯帝國曾經跟希臘發生很多次的戰爭。在這些戰爭中，早期都是波斯勝利。後來因爲「提洛同盟」，才阻止了波斯帝國的侵略。

「提洛同盟」，是當時希臘雅典城邦聰明的統治者伯里克里斯（Pericles），號召麥西尼亞（Μεσσηνία）、科林斯（Κόρινθος）等城邦結盟，對抗波斯入侵。

大家都知道，希臘是屬於城邦制度，每個城邦可能只有五千人，而且每個城邦各自獨立，互不相干。波斯是一個大帝國，但波斯攻打雅典的時候，科林斯就覺得反正跟我沒關係，不要打到我這裡就好了。可是波斯打完雅典就會打科林斯，打完科林斯就會打斯巴達，所以伯里克里斯號召了「提洛同盟」。

這個同盟，是希臘第一支對抗波斯的聯盟軍隊，最後終於打敗了強大的波斯帝國。

河流與帝國

提到了古代波斯帝國，大家都一定聽過「大流士一世」這個名字。他是個實行中央集權的獨裁皇帝。如果我們今天不帶偏見去看政治制度，我們會發現帝國專制不一定是錯的，而民主政治也不一定好，它們其實各有優劣。

那我們就要想想，爲什麼河流的文明，不管是印度或是中國，不管是埃及或是美索不達米亞，他們都發展出集權中央的帝國型態？

我們可以從一種角度思索：因爲「水」的管理，必須要有一個強權的制度來控制。舉例來說，黃河從上游到下游長達五千多公里，如果上游的人把水汙染了，或把水源切斷了，那麼下游的人就不能生活。所以最後一定渴望有個強而有力的中央政府，能夠管理這條河流。能有權勢管理河流的絕對不是一個小城邦，而是一個大帝國。

因此，在美索不達米亞這個地區，從巴比倫到伊拉克，一直維持著強權統治。這可能就是因爲河流文明跟政治之間產生的密切關係吧！

威武的飛獅與可愛的石獅子

美索不達米亞平原的政治都是屬於帝國型態。

在大英博物館跟德國的柏林國家博物館，都收藏了從古代巴比倫到波斯時代的城牆。那些城牆十分巨大而厚重，到了驚人的地步。

其中，最壯觀的就是城門，他們常把君王的雕像，在頭的後面加一頭獅子，然後放在城門口做爲防守的感覺。因此美索不達米亞君王的雕像，都非常具有權威感。實行中央極權的國家，爲了專制，因此用高達十幾公尺的巨大雕像象徵權威。除此之外，他們手上還抱著一頭獅子，營造出雄偉威猛的感覺。

獅子，其實是從這個地方開始出現的。本來在草原裡的獅子，從此變成了他們的守護神，變成了他們的圖騰、符號，也變成了君王的威嚴。他們還在獅子的兩腋底下加了翅膀，變成了飛獅。

中國的獅子，其實就是來自中亞。

中國並沒有獅子，中國只有老虎。但有趣的是，石獅子卻變成中國廟宇、皇宮、富貴人家門口不可缺少的東西。

但獅子是外來的，並不是本土的，而且中國的獅子愈雕愈可愛，因爲中國人根本沒有看過獅子。蘆溝橋上造型多變的獅子好玩的不得了，因爲他們是用哈巴狗的造型做出來的；而過年過節看到的舞獅，也一點都不威嚴，反而變成可愛的寵物。

當時，中國偶然會有進貢的獅子，可是大部分的藝術家根本沒有看過獅子。因此從獅子圖像的發展，可以看見美索不達米亞對全世界的影響。

另外，我在柏林的國家博物館看到美索不達米亞文明的城牆，每個巨大的磚塊，都是用黃綠釉料的陶磚燒出來的。而那個黃綠的釉料，怎麼看怎麼熟悉，我才聯想到，唐三彩也是這種釉料燒製出來的。

原來在唐朝，已經跟這個地區有非常密切的互動。

當時唐朝把波斯稱做「大食」，也就是現在的阿拉伯。一批批從大食來的商人，騎著駱駝到長安做生意。他們帶了很多地毯，也把當地的製陶、釉料的這種技法帶到了唐朝，所以唐朝就發展了唐三彩。唐三彩的風格，根本就是美索不達米亞的藝術風格。

巴比倫的占星術影響了全世界

另一個美索不達米亞對全世界的影響，也許大家會嚇一跳，那就是「星座」。今天全世界年輕人認識新朋友，第一個問的問題很可能是：「你是什麼星座？」

星座，其實就是巴比倫人發明的。

巴比倫是世界上最早觀察太陽的「黃道十二宮」的民族。黃道，是地球繞太陽公轉的軌道，也就是太陽一年之中在天空裡運行的路徑。

古代巴比倫的天文學家，爲了表示太陽在黃道上的位置，所以把一年分成十二段，依照不同的季節，定出那段時間最有影響力量的星星，也就是十二星座。

收藏在羅浮宮的米索不達米亞文物曾在台灣展覽過。其中有一塊石頭，上面雕了一隻羊的頭，這個羊頭下半身是一條魚。熟悉星座的人知道，這就是摩羯座，也就是山羊座的造型。很多朋友十分驚訝，竟然在八千年以前，巴比倫人就已經發展出星座的圖像了！

不管現在我們相不相信星座，但星座對於人類觀察季節，觀察天文，定位方向，都有著極大的影響。

所以，我不覺得星座是種迷信，它是最早人類觀察宇宙運行做的詳細紀錄。

文明的起源之謎？

有人認爲埃及的獅身人面像，可能因爲當時是獅子座主宰整個太陽星系的時候，因此推測獅身人面像與美索不達米亞的占星文明發展有關。所以很多人都認爲，美索不達米亞是世界文化的起點。

美索不達米亞發展出的符號不斷往各處走。黃河流域在陶罐上的一些圓圈符號，可能也與它相關。美索不達米亞的文明，比中國文明更早存在。

民國初年有一位重要的一位文字學家、考古學家郭沫若（1892-1978）。他研究「金文」，也就是商代刻在青銅器上的字。其中他觀察到中國的「帝」字，跟美索不達米亞的其中一個楔形文字，竟然是一樣的。

楔形文字，是把削尖的蘆葦桿，在軟的泥土上所楔出來的。它其實是世界上文字最早的起源。楔形文字很明顯地影響了埃及的文字，可是有沒有影響到中國的文字？

郭沫若做了一些探討，但還沒有做出最後的結論就去世了。

兩河文明的作品，陸續出土，被保留在世界各大博物館當中，提供我們對古代文明的一個認知。

在這些博物館裡，我們可以看到古文明之始：他們的陶罐、玉雕、美麗的紅玉髓項鍊；他們縝密而神祕的占星術，訴諸正義的漢摩拉比法典。那都是令人驚豔的古文明成就。

宇宙循環的心得

兩河流域發展出的美索不達米亞文明，除了星座的天文知識外，他們還必須有嚴格精確的數學知識，才能把這些知識記錄下來。而這些知識也影響了曆法的出現。曆法是指我們怎麼規定一年的週期是三百六十五天，這三百六十五天有什麼樣的週期循環及變化。

提到週期，我們發現只有農業民族會注意到週期。因爲農業從播種到成長收割，都有一個週期性。這個週期是跟自然律有關的。所以，這就是爲什麼他們會在曠野裡觀察星象。因爲他們想找到週期的祕密。

我們會發現，打獵維生的民族，或是逐水草而居的民族，比較不關心週期，因此沒有我們所說的曆法。

但是以農業爲主的民族，不管是以月亮或是以太陽來記日，其實都是觀察宇宙循環跟週期的心得。

所以，我們很驚訝這些以河流爲中心發展的農業民族，他們對星象竟有這麼深刻的了解：火星什麼時候出現？何時最靠近地球？何時最靠近月球？這些都有非常詳細的紀錄。另外他們對日蝕、月蝕也有非常仔細的紀錄。雖然古代的人類，很可能把這些東西訴諸於宗教迷信的一套解釋。可是我們不要忽略，對天文的觀察，也就是對宇宙有著非常縝密的觀察及思考。

這就是文明的曙光。

巴比倫人研究出的占星術，現在好像變成了一種娛樂的消遣。可是，大家應該去思考，好玩的星座的背後，其實有一套嚴密的知識發展。

我們今天到郊外旅行，在夜晚看到滿天繁星。除非你經過很嚴格的訓練，我們叫不出幾個星座的名字。

鑽研星座的朋友，跟我談論星座的時候，他們總是邊翻書邊解說。那表示星座其實是非常複雜且廣博的知識。常討論星座的朋友也知道，星座包括了太陽星座、月亮星座、上昇星座，還有木星、土星、水星……等等。它複雜到連出生的年、月、日、時，都會影響到座落星座的宮位，以及如何影響性格與命運。

嚴格：貫徹天上人間的態度

巴比倫的時代，他們已經可以把星座的十二宮，按照天空不同的方位、星星主宰的力量，定出了非常嚴格的規則。因此，我很驚訝古代巴比倫人能對星座做這麼深刻細膩的分析。他不只了解一種星座而已，若將所有星座編輯起來，會是多麼厚重的一本書。

古老的美索不達米亞人，從觀察天象上的能力，發展了很嚴格的幾何學、方位學、天文學、數學的知識。最後定出了曆法，甚至發展出人世間的管理學。

當我在羅浮宮看到距今有三千八百年的漢摩拉比法典時，非常驚訝，漢摩拉比是當時巴比倫的皇帝，但他要頒布這個法典的時候卻不是自己頒布，而是藉著「太陽王」來頒布的。

在這部法典上，有一個圖像，是漢摩拉比非常尊敬地走向一個坐著的太陽神，向他行禮、敬

漢摩拉比法典

拜的樣子。這表示太陽王接受漢摩拉比來頒布這部法典，然後底下才是法律文字。

法典上一條條很詳細地規定，土地怎麼買賣，婚姻制度怎麼規範，在一家之主男性去世以後，財產怎麼分配。這是全世界最早的法典，而且是非常嚴格的法典。它比後來所謂的羅馬法都要早太多了。

這個法典的精神，表現了一個帝國的精神傳承。因爲中央集權專制的帝國，需要有一個非常嚴格，執行力量很強的法典，才能維持。

那麼，讓我們對照一下希臘。希臘對於制定法律並不是很擅長，他們擅長的是哲學，因爲它們是可以自由發展的小城邦。但是帝國，一定要發展這種強而有力的法典。這就是兩河流域的古文明，延續下來的文化力量。

我們看看伊拉克，你會忽然覺得，伊拉克的統治者好像古代的漢摩拉比，他也代表神權在人間的發言，他也獨裁，而且執行法律非常嚴格，他的定律不容被動搖。

你忽然覺得，這個地方雖然已經變成了伊斯蘭教的信仰，但似乎還傳承著古老的美索不達米亞精神。

因此我們談古代文明——那看似死去的文明，其實在我們身上還遺留著強大的力量。

第九講

黃河半坡、仰韶、馬家窯文化

如果你能夠把這陶罐拿在手上轉動，
你會發現這點、線、面構成的花紋，
像旋律一樣流動。
它像天上流轉的雲，
像緩緩移動的星辰，
也像腳下靜靜流淌的河水。

被掠奪的文化

談過了美索不達米亞兩河流域的文明之後，我們不妨把視野從西部亞洲轉移到東部亞洲。大家知道有一個名稱叫做「歐亞大陸」。歐洲和亞洲其實是連在一起的，如果從俄羅斯那邊去看的話，整個俄羅斯連接了亞洲和歐洲陸塊，這是世界上最大的陸塊。

從歐亞大陸裡，我們可以看到幾個高度文明的產生。之前提到的美索不達米亞，等於是在這個板塊的中央，所以我們把這個地區叫做中亞細亞，或者是西部亞洲。美索不達米亞地區，可能發展出人類最古老的文明。那麼從這裡往兩邊走，一邊影響了西方的歐洲文明，另一邊則影響到了東方的印度、中國文明。

如果我們以中國的文明來說，其實中國考古的歷史非常、非常短。大概一直到十九世紀的後半葉之後，藉助西方的考古學知識，才慢慢發展起來。

清末民初的時候，有一些西方的學者，像最有名的英國學者斯坦因（Marc Aurel Stein），他到甘肅敦煌的洞窟，發現了很多中國古代的文化，包括佛經的抄本，還有畫卷。這些東西在當時都被帶走了，現在變成倫敦大英博物館的鎮館之寶。

在那時候，中國本身就是個積弱不振的國家。各國列強要瓜分中國，中國政府自顧不暇，根本沒辦法保護這些文物。所以這些文物就一批批被帶走，跟美索不達米亞當時的情況沒有什麼差別。

現在我們到倫敦大英博物館或巴黎羅浮宮，裡面的收藏百分之八、九十都是從外國掠奪而來的，因爲他們本身歷史也很短，沒有掠奪而來的文物豐富。可是很矛盾的是，因爲這些學者掠奪古文物，也展現了他們對古文明的熱忱，因此也才開始探究古文明，發展考古學。

由於斯坦因到中國發現了古代文物，所以後來一批法國考古學家也到了敦煌，他們的挖掘慢慢帶動了中國古史的研究。

古代文化的探索之門

中國當時，大概要到一九二〇年代才開始有本土的學者探討古代的歷史。

當時歷史學者分兩派，一派稱爲「信古派」，就是相信史書紀錄的資料；而另一派就是「疑古派」，他們認爲中國古代的歷史都是傳說，例如三皇五帝、黃帝大戰蚩尤、夏禹治水、禪讓制度等等，他們懷疑中國古代是否眞的有這些皇帝、朝代。

他們懷疑的原因，正是因爲受到西方歷史學的影響。

因爲「歷史」，是要拿出證據的，不能因爲古代人這樣講，就相信眞有這個朝代。那些可能只是傳說，譬如說女媧補天、神農嘗百草，但神農氏是不是眞有其人，我們根本沒有辦法確定。

當時的疑古學派有一個很重要的學者，就是北大教授顧頡剛（1893-1980）。顧頡剛領導了一批學者去做了很多考證工作，所以不要認爲疑古派好像什麼都懷疑，似乎沒有什麼積極的研究。但其實他們懷疑的目的是希望用地底下挖掘出來的文物，證明眞的有黃帝、女媧、神農氏、夏朝的存在。

夏朝的東西如果沒有出土，怎麼去證明它的存在？夏朝只在司馬遷的《史記》裡出現過，雖然《史記》把夏朝有多少個天子都講得很詳細，可是顧頡剛認爲不應輕易相信《史記》的說法，要眞的能從地底下挖出東西以後，才能肯定夏朝的存在。因此他們在當時就做了很多考古工作。

到了二〇、三〇年代，河南挖出了很多商朝的大墓，從這些東西我們就可以證明，商朝是確實存在過的。可是我們還是沒有辦法證明夏朝。

在當時還有另一個很重要的出土，就是「北京人」。北京人頭骨的發現，是人類學歷史上非常重要的一個證明。根據北京人的腦容量，我們可以證明當時亞洲的人種如何從猿人進步成爲人類。北京人的出土，讓我們開始了解北京人已經懂得直立，而且懂得用火，這些都是從北京人得到的重要史料。

北京人的出現，推測距今已有三十萬年到五十萬年的歷史。而北京人的頭骨，在中日戰爭的時候被搶來搶去，每個國家都想拿到這個頭骨。

也許現在你會感到驚訝，爲什麼這個骨頭值得被大家搶奪？因爲我們可能可以藉助這個頭骨的化石，爲人類學、古史做很多的判斷。有點類似現在大家用ＤＮＡ去鑑定人種學一樣。

所以我們現在看到北京人、山頂洞人的出土，其實都是遠古歷史的發現，經由這些發現也打開了中國古代文化的探索之門。

中國最古老的歷史位於黃河流域，而且是黃河流域的中、上游，包括了現在的河南、陝西、甘肅這一帶。

如果以最近的幾千年來看中國歷史，周朝的範圍就是在今天的關中地區，也就是陝西這一帶；商朝則是在河南一帶，它們都位在黃河的中游、上游。因此這些地區也就被篩選出來，做爲中國古代河流文明挖掘的重點。之後這些地區又陸續發現了很多重要的遺址，一直到現在，這個地區的考古研究還在進行。

陝西的半坡遺址、河南的廟底溝遺址、甘肅的馬家窯遺址，現在都成爲我們探討中國古文明發展最重要的地點。

從穴居到構木為巢

如果大家有機會到陝西半坡遺址的話，這個地方是值得一看的。半坡遺址距今已有八千年歷史。

我們回顧一下歷史，漢朝距今二千年，唐朝距今也不過一千多年。可是半坡遺址一推就推到了八千年前。

那個時候，人類還在茹毛飲血。那個時候他可能只是圍一塊樹皮，或用樹葉遮蓋身體，他們連衣服都還沒有。

過去認爲，有了文字之後才能稱之爲「歷史」。但有文字，也不過是五千年的事。八千年前文字根本還沒產生。

我自己到過半坡遺址的現場，現在遺址現場已經過考古學家的復原。因此我們可以看到，那時候的人類生活是「半穴居」。「半穴居」就是當時人類在黃土高原裡面挖一個洞，因爲黃土的黏性很高，他可以挖一個洞穴住在裡面，有點類似動物的居所。

可是之所以稱爲「半」穴居，表示除了洞穴以外，上面還有用木頭搭起來的屋簷。

古代有個傳說人物叫「有巢氏」，表示那時候的人類已經懂得用木材蓋房子。人類從「穴居」

到「構木爲巢」是一個很重要的進步。

當時的人類雖然已經發展了農業，定居在河流的旁邊，可是基本上還延續了狩獵時代母系社會的習慣。

我們可以看到，中國的母系社會從半坡，延續到夏、商、周時代，才慢慢轉到了父系社會。我們知道夏禹把王位傳給了啟，就是父系的傳延。可是如果是母系社會，就不一定是傳給兒子。

須要特別注意的是，直到農業產生，漢民族才開始強調田裡工作的勞動力，因此也才有生男孩的講究。在農業發展之前，並沒有重男輕女的問題。

文字能力晚於繪畫能力

半坡遺址最讓我感動的是陶器的製作。我們前面提到，陶器文明的產生跟農業有非常密切的關係。

黃土高原的土，被水滲透以後，可以捏塑出陶罐的形狀，因此發現了陶土。然後，人類開始用手拉胚。所以在半坡也發現了利用旋轉力學塑陶的「轆輪」。我們甚至還在半坡發現了毛筆。這時候的毛筆，只是把動物的毛拔下來，綁在木棍上作成的小刷子，有點像我們今天的水彩筆，而不是今天用來寫書法的毛筆。寫書法的毛筆是有一個筆鋒的，這種毛筆是秦朝以後才發展出來。

早期的毛筆只是個毛刷子，這個毛刷子可以沾取一些大自然的天然顏料，譬如有一種草叫「藍」，這種草搗爛以後就會出現藍色，也就是國畫裡叫做「花青」的顏料。或者把一種綠色的石頭打碎、磨成粉，然後加上一點膠，最後就可以拿來畫畫。

所以，這個陶罐表面，畫了非常多美麗的圖像。我們驚訝於半坡的人，怎麼會有這麼高的藝術才能，可以畫出這麼美的圖案。

然而，這些作品可能不是畫，而是文字的前身。

我們說「書畫同源」，書法跟繪畫本是同一個源流。人其實會先懂得畫畫，然後才學寫字。如果觀察家裡的孩子，當他還不會認字的時候，就會拿起筆來畫個媽媽。他可以用文字寫「媽媽」的能力肯定是比較晚才發展的。所以我們可以看到，半坡遺址陶罐出現的圖畫，其實也就是文字的前身。

現在半坡出土最有名的文物，是像個臉盆一樣的陶缽。這個陶缽的圖案不是畫在外面，而是畫在裡面。裡頭畫了很有趣的兩條魚：他把魚的頭部畫成三角形，這三角形裡面畫了一個小小的圓圈，就是眼睛；魚的身體用打格子的方法，畫出很多的網狀格子代表魚鱗。

所以這件作品，我們可以說是八千年前人類的繪畫，也可以說是八千年前人類文字的前身。

半坡文化人面魚紋陶缽

那爲什麼要在陶罐上畫魚？

不只是八千年前，如果我們現在去黃土高原過年，你會發現老百姓家裡，都希望吃年夜飯的時候有一條魚，因爲「年年有餘」。年年有餘的意思是一年將盡，不能把魚吃光，而是要留到第二年再吃，因爲「魚」有著「剩餘」的意義。

魚，代表豐富、富有，代表取之不盡，用之不竭。所以在生活裡，我們也常常用到「年年有餘」這句成語。

可是我們現在寫的「年年有餘」是剩餘的餘，在古代可能眞的是畫一條魚來表示。所以我想這些習慣都可以印證，八千年的半坡陶罐上的魚，跟我們今天的習慣，能一脈相承。

一脈相承的吃魚文化

提到陝西的半坡文化，我們介紹了遺址，我們介紹了母系社會，也介紹了陶罐上面畫出的魚類造型。

到了孟子的戰國時代，孟子說：「魚與熊掌不可得兼。」意思是說，那個時候的人認爲最珍貴的菜，一種是熊掌，另一種就是魚。

今天如果居住在沿海、河流地區的人，因爲魚很容易取得，所以不覺得魚有多麼稀奇。可是在北方，他們會覺得魚是很珍貴的食物。因此對北方居民來說，魚也就是一種幸福的象徵。

中國很多繪畫都畫魚，因爲魚變成了生活富裕的象徵。魚不但象徵富裕，也象徵繁殖和傳衍。因爲魚的繁殖量很大，古代的人類在河邊看到魚一產卵，竟可以生出成千上萬條的小魚，所以他們很羨慕魚，希望自己生孩子也能夠像魚一樣，一生就生那麼多，所以他們將魚當成生命蔓延的崇拜對象。

我想這就是爲什麼在半坡遺址中，魚會變成很重要的圖像。

陝西博物館裡面收藏的半坡陶缽上，除了畫魚，還畫了一種動物——蛙。因爲蛙也是繁殖力量很強的動物。

我們小時候常常看到，水塘裡面有好多黑色的、一粒粒的東西，那就是青蛙的蛋，它一下就孵出一堆蝌蚪。這就是某些動物會變成文化象徵的原因。例如在漢朝，大家都相信，月亮裡面住著一隻蟾蜍。這些都跟他們對動物的信仰有關。

魚的象徵，到今天都還有很大的影響力。

八〇年代，大陸導演陳凱歌拍過一部電影，叫《黃土地》。裡面有一幕，敘述居住在黃土高原上的窮人嫁女兒的時候，桌子上的菜肴裡面有一條木頭雕的魚。因爲他們太窮了，沒辦法買魚，於是就用木頭雕了一條魚，然後在上面加上佐料。

這表示，「我們再怎麼窮，還是要有一條魚」。當我看到那條魚的時候，忽然想到了半坡陶罐上的那條魚。

八千年來，「魚」的文化，總是能用各種不同的方式流傳下去。

半坡陶缽上的蛙

古文明與現代之間

文明的力量，可能比我們想像的還要大得多。

除了半坡以外，從陝西擴大到河南，往黃河的中游走，會遇到一個很重要的地區叫「廟底溝」。廟底溝遺址是個非常漂亮的遺址。這裡出土的東西並不多，可是出土了一種很美很美的陶缽。

這種陶缽底部很小，然後它的口慢慢張開，有點像花朵一樣。當你看到這個陶罐，你最驚訝的是，它用毛筆在上面畫了一些圓點，畫得很圓、很工整。當時的人沒有類似圓規的工具幫忙畫畫，他只是用很柔軟的毛筆，但卻可以畫成非常工整的一個圓。從這個圓畫出慢慢延長的一條線，這條線又慢慢括大變成面。學美術的朋友一定知道「點、線、面」，是人類最基本的造型。

西方現在有一間美術學校叫包浩斯（Bauhaus），他們考一個學生會不會畫畫，就是要求他在一張白紙上，畫出點、線、面的關係。

當我看到廟底溝遺址的陶罐時，嚇了一大跳。因爲上面用的元素，竟然是西方現在最流行的點、線、面風格，這是非常非常漂亮的造型。

如果你能夠把這陶罐拿在手上轉動，你會發現這個點、線、面花紋，就像旋律一樣流動著。它像天上的流轉的雲，像緩緩移動的的星辰，也像腳下的靜靜流淌的河水。

我覺得人類會把他在大自然裡感受到的韻律感、旋律感，用抽象的視覺的感受記錄在陶罐上。所以，很多從事藝術創作的西方朋友，當他們看到了廟底溝的陶罐，都會嚇一大跳：「怎麼中國幾千年前藝術的水準會這麼高，竟然會有抽象畫出現？」可是究竟是不是抽象，還很多爭議。

在陝西的半坡陶罐上的魚是具體的，你看得出來那是一條魚。可是在廟底溝的陶罐上，你看

廟底溝文化陶罐

到的只有點、線、面，因爲是抽象的概念，所以你不知道他在到底在畫什麼。

有人認爲，廟底溝的作品其實是一隻鳥。因爲他把鳥的抽象性表現出來。例如圓點是鳥的眼睛，而線是表現鳥在飛翔的速度感，而有一點像三角形張開的面，則是鳥的翅膀。當然這種說法也還在討論中。

但不論如何，如果你有機會看到這張圖片，你眞會歎爲觀止。因爲你無法想像早期黃河流域的這些人民，他們已經可以畫出這麼美的畫作了。而且直到今天，我們還覺得它充分具備了現代感。

由此我們可以思索古文明與現代之間密切的關係。

多產的馬家窯

走過了陝西的半坡，走過河南的廟底溝。現在帶領大家繼續往上游走，我們到了甘肅。

在甘肅看黃河，其實跟在陝西、河南看到的黃河又不一樣。因爲它位在黃河上游。我到甘肅蘭州看到黃河時非常驚訝，因爲黃河之洶湧澎湃，跟其他地方很不相同。黃河在這裡以雄壯的氣勢切割了黃土高原。

甘肅這個地方，有一個非常重要的遺址，叫做「馬家窯遺址」。馬家窯遺址是現在出土陶罐、陶器最多的地方。這些東西現在都收藏在蘭州市立博物館。如果到中國旅遊的話，到了甘肅，不要忘記去博物館看一下馬家窯遺址出土的作品。

馬家窯出土的文物非常非常多，多到在台灣的拍賣市場、觀光市集、光華商場的玉市都可以看到，當然這些被拍賣的文物有眞有假。馬家窯出土的東西不像半坡、廟底溝遺址出土的東西很少，這一點正說明了當時馬家窯這個地方，居住的人口已經很多了，所以才會需要這麼大量的陶罐。

如果你到那個地方跟當地農民聊聊天，會嚇一跳，因爲他們會說：「我們耕田，隨便挖一挖就會挖出一大堆陶罐。」這表示根本不需要考古學家考古，只要農民挖一挖，在地底下就可以挖出了古代的陶罐。甚至，很多農民家裡的炕，底下都是陶罐，如果想買就可以去買。

因此在七〇、八〇年代，很多朋友家裡都會收藏馬家窯遺址的陶罐。

當然，現在這些買賣行爲可能都被禁止了，因爲這些陶罐都屬於國家非常重要的古物。

馬家窯出土的陶罐，其實有一個很好辨認的特徵，就是陶罐上繪有同心圓的圖像，有一點像丟石頭到水裡產生的漣漪。

挖掘出馬家窯遺址的東西以後，瑞典的考古學家安特生（Johan Gunnar Andersson），認爲這個圖案可能就是黃河的水波、漩渦的象徵。可是我們看這個陶罐的時候，感覺並不那麼單純，它其實表達了很抽象的概念。

馬家窯文化陶罐

我們不要忘記，古代中國象形文字中，一個圓點外面畫一個圈，其實就是「日」字。所以我懷疑，這個圖案應該跟太陽的崇拜、信仰有關。可是又有很多考古學家認爲，早期這些陶罐上的圖騰，基本上都是動物的圖像，例如半坡陶罐畫著魚、蛙；廟底溝畫著鳥。

馬家窯畫到底是什麼？現在其實還沒有定論。

可是我們也會發現，它跟半坡的魚、蛙，也可能有部分的關係。如果往上追，會發現半坡陶罐上畫蛙的身體時，也是畫一個圓，然後中間畫很多點。就有人認爲把蛙的身體簡化成點跟圓，就是馬家窯文化圖像的來源。但馬家窯文化現在始終爭論不一。可是我希望大家在欣賞這些東西的過程，不要太被考古學的知識綑綁住。

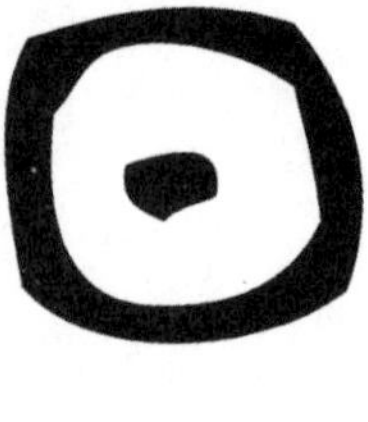

「日」的象形文字

我希望有一天當你眞正在甘肅蘭州，看到玻璃櫃裡的那個罐子；或是當你翻到一本介紹中國美術史的書，你看到那個圖像，會有一份感動。因爲幾千年前的人類，拿這一個毛刷子沾了顏料，然後他在這個陶罐上開始畫圓圈。你將發現，每一個圓圈中間的間隔竟然是等寬的。他的手可以控制得這麼精確，他已經找到了秩序。

其實「美」，就是「秩序」。

如果你在紙上隨便畫一條線、兩條線、三條線，你不覺得美。但你注意一下，下次如果你畫了一條線，然後用尺去量，在兩公分以外再畫一條線，然後再隔兩公分，再畫一條線，如果你這樣畫十幾條線，拿給別人看，別人就會覺得這些線條好美。

爲什麼？

因爲這中間有秩序。

所以，我們發現「美」，其實並不難。「美」是秩序的尋找。

人類什麼時候開始懂得秩序了？

藝術品是手跟腦的思維，達到的極致表現

我們先前提到美索不達米亞的文明，他們發現天上星辰的移動，也是有秩序性的，不斷移動到一個時刻，它就會重新循環。可是記憶這個循環並不容易，因爲要經過三百六十五天之後，他們才知道一年的循環完成了，他的記憶要維持三百六十五天。

我一直認爲美的歷史，最重要的一點，就是秩序的發現。

馬家窯陶罐上的同心圓

因此，馬家窯陶罐上，人類在上面畫了一個點，然後圍繞這個點畫圈。這個圈每隔幾公分擴大一次。你會被這個簡單的圖案感動。如果你下次看到某樣覺得很美的東西，你可以仔細去想一下，爲什麼美？你會發現美的背後一定有一些規則。

我們在世上，眼睛看到了美的色彩，因爲那是有規則的色彩；聽到了美麗的旋律，因爲那是有秩序的聲音。因此所有的美，都是秩序的建立。我希望，有一天大家能夠親眼看到馬家窯文化的陶罐。

因爲你可以看到人類的手，是怎麼樣在泥土裡面，感覺到規律；怎麼樣在顏色中，感覺到秩序。

隔了幾千年，這些罐子被放在玻璃櫃裡，讓我們崇敬。雖然當時的人只是拿它來裝東西，可是對我們來說，它們已經變成了藝術品。

什麼是藝術品？藝術品就是人類手跟腦的思維，達到的極致表現。

或許，我們今天留下來的鍋子、杯子，在兩千年後，也有可能被放在人類的博物館內，成爲美的歷史。它們正是我們正在創造的文明。所以，不妨回頭看看你現在喝茶的杯子，並思考它有沒有美的元素？兩千年以後，它會不會被放在博物館裡面，被很多人拿來欣賞？

我想，這就是美的沉思。

第十講

長江流域良渚文化、蒙古紅山文化

美索不達米亞的項鍊，
馬家窯的陶罐，
或是良渚文化的玉雕，
都會讓我們感覺到一種美好。
那種美的力量，
好像一直在我們生命裡面流動著。

先民的蛛絲馬跡

所謂「大河文明」，指的是埃及的尼羅河，美索不達米亞的底格里斯河、幼發拉底河，印度的恆河、印度河，以及中國黃河、長江所構成的古老文明。

我們談到古代的中國文明，就是在黃河跟長江流域發展的。之前談過了黃河流域，包括陝西的半坡文化遺址，也包括了甘肅的馬家窯文化遺址，還有河南的廟底溝文化遺址。希望這些在人類學上的專業名稱，對不熟悉考古文化的朋友不會構成太大的干擾。

關於這些遺址的報導，現在也愈來愈多了。而「遺址」，是人類文明擱置了幾千年以後，今人從地底下挖出的痕跡。

每當我到遺址調查的時候，總會有一股感動。因爲我在遺址中獲得的不只是知識，而是它們提醒著現在居住在城市裡的我們，每天製造的東西，甚至垃圾，將來都會變成「遺址」。

有時候想想，兩千年後，會有人在我居住過的城市挖出東西，並且要試著證明我們這個時代，活出了什麼樣的文明。他們會用什麼樣的名稱來命名我們的遺址？

例如在淡水河附近出土的「十三行遺址」，這裡只是個小小的聚落，還談不上城市。當時的人，居住在淡水河左岸的出海口附近，把河裡面撈來的貝殼吃了以後，就把貝殼丟在那裡。貝殼就是他們那個時候的垃圾。因此在十三行遺址有個名稱叫「貝塚」。當時的人，不斷將貝殼丟在地上，愈積愈多，最後就形成了一個「遺址層」。

遺址層是指我們考古的時候，埋在愈底下的文物時間愈早，而愈晚時間的文物就會一層層覆蓋上去。

所以在挖掘遺址的時候，我們很講究遺址層不要被破壞，因爲可以由此勘查遺址時間的前後順序。

記得在一次颱風的時候，我剛好帶了學生去做調查，看到剛剛挖掘沒有多久的十三行遺址。我們在風雨交加的時候，看到了這些暴露在大自然當中的十三行遺址文物，這裡面有很多陶片。

十三行遺跡出土的陶器

這些陶片上面多半沒有繪畫，而是一些「刺剔紋」。「刺剔紋」就是用堅硬的東西在陶罐表面壓、刺、刮出的花紋。

這些陶片，當時的遊客隨手就可以撿了帶回家。這種破壞遺址的行爲，我們當時覺得十分遺憾，因爲竟然沒有人特別去照顧這些遺址。

遺址被學者發現以後，應該由政府單位有計劃地做保護。因爲在遺址裡，任何的蛛絲馬跡都是非常重要的。它能幫助我們了解以前的人怎麼生活，以及他生活的內容又是什麼。

死亡，復活的希望

早期的人類生活很簡單。在半坡遺址看到的一些石器、一些陶罐，或者一些磨製出來的裝飾品，那個時候半坡遺址連金屬都沒有。我們現在談的幾個古文明，基本上都還沒有運用到金屬。

早期的文物，可能會用到一點點在大自然中發現的黃金。黃金是人類很喜愛的一種金屬，因爲它不會生鏽。所以他們會對黃金的「不朽」有一分感動，運用黃金跟玉來做很多的裝飾品。青銅的發現大約距今五千年前，鐵要更晚，只有兩、三千年歷史。十三行遺址有鐵器，算不上古文明了。

在十三行遺址裡，有一些墓葬。

墓葬在考古學裡很重要，因爲人類最難過的一關就是死亡。

所以他們會很愼重地處理人類死亡的儀式。我們也可以從墓葬裡面看到人對待死亡的態度，同時也反映出他對生命的態度。

人類學者在十三行遺址的墓穴中，發現當時的人是「側身屈葬」。

十三行遺跡「側身屈葬」

側身屈葬的意思是當時的人死亡後不但是側躺的，而且還把他的手腳彎屈起來。而這個姿態就是嬰兒在母親子宮裡的姿態。

由這樣的側身屈葬，我們可以很明顯地發現，他們相信死亡之後，會再度回到母體，重新誕生。所以在他死亡的時候就把他的身體屈成嬰兒的狀態，象徵他可以重新開始。

這裡面表達一種想法：死亡，也是復活的希望。這是對生命另一種不同的態度。

所以我們談到遺址時，即使大家對人類學、考古學不是那麼熟悉，可是慢慢地我們可以知道，這些遺址，幫助我們打開了歷史之謎。

豐潤的女體之美

談到中國古文明，大家都會想到黃河流域。

十九世紀以後，西方、中國學者考古挖掘的重點，也一直集中在黃河的上游跟中游。

因爲商代、周代的國都在河南、陝西一帶，所以這個地帶被認爲是中國古文明發展最重要的地區。而我們也確實在這裡發現了商代文明，例如河南的安陽遺址、小屯遺址。

再晚一點，我們也在河南的「偃師二里頭」發現了夏朝的遺址。二里頭現在只是個小村落，但卻在這裡發現了比商朝更早的夏代文明。

可是我強調的是，這個觀念在最近的四、五十年當中有了很大的改變。過去我們說，黃河是中國文明的搖籃。但是這種說法漸漸改變了。因爲最近在蒙古地區，我們發現了「紅山文化」。紅山文化引起了很多學者的討論。蒙古人基本上屬於游牧民族，他們沒有發展出穩定的農業社會。紅山文化出土了非常引人注意的文物，例如在這裡發現了一個裸體的女人雕像，她的造型非常豐潤，有點像懷孕的樣子。

在奧地利的維也納，有一個「自然史博物館」。一進自然史博物館，就可以看到一個小小的雕像，這個雕像在西方稱爲「維納斯」，但是這跟羅馬神話的維納斯（Venus）沒什麼關係，只是有一段時間，西方的考古學者，習慣將裸體女性雕像統稱爲「維納斯」。

這個維納斯，距離我們現在的時間已經有兩萬年了，它是非常早期的雕像。

如果我們到維也納看到這個雕像，你會很驚訝，因爲它跟我們現在對於女性的審美標準非常不一樣。她的五官沒有做得很精細，只是一個圓圓的頭，看不太清楚眼睛、鼻子、嘴巴，可是卻很強調她的胸部、腹部。甚至你從後面看的時候，可以看到她的臀部非常肥厚。

這樣的女性身體讓我們知道，以前跟現在的審美觀完全不同。以現在的角度我們會覺得這樣的女性需要瘦身了，可是在兩萬年前，他們認爲一個女性之所以美，是因爲她可以哺乳、可以餵養孩子長大、可以生產，所以他們會誇張地表現她的腹部、乳房。

我們可以很清楚地發現，人類審美觀一直在改變。

我希望用歐洲的維納斯呼應蒙古出土的紅山文化。

在紅山文化，也出現了非常相似的女性身體雕像。這在中國古文明中，是一件讓很多人訝異

維納斯裸像（上）
紅山文化女性裸像（下）

的事。因為我們知道中國古文明雖然有很高的成就，但是它最缺的就是人像。

中國古代作品不太注重人像，這是中國作品很重要的特徵。如果到故宮博物院看中國古代的繪畫，你會發現大部分都是山水，不太有表現人體的繪畫。可是西方卻一直有描繪人體的傳統。

因此我們發現，蒙古紅山文化出土的裸體女性雕像，變成非常重要的一個指標，因為這個象徵旺盛繁殖力的女性裸體雕像，跟歐洲發現的象徵「大地之母」的「維納斯」，特徵非常相似。

這些文物的出土，說明了一件事：黃河上游的馬家窯、半坡、廟底溝遺址，跟農業文化比較有關。而紅山文化，則是游牧民族的文化。

游牧民族常常遷移到很遠的地方，所以如果我們從蒙古往北走，它會一直連接到中亞草原，經過俄羅斯南邊，進入到歐洲。

所以很多人認為這個地區的游牧民族，其實是串連在一起的。他們到很遠的地方，有沒有可能把紅山文化的女性雕像，帶到維也納？或是從維也納，把維納斯像帶到蒙古？它們之間有什麼關係？

世界的文化究竟怎麼傳衍，是很多人關心的問題。

在南美洲發現的馬雅文明，其中出土的玉器、玉雕、青銅器，跟中國商周的文物像得不得了，可是南美洲跟中國距離這麼遙遠，要怎麼來往？

因此有人推測，歐亞大陸與北美大陸本來是連接在一起的，過去並沒有白令海峽的阻隔。如果沒有被海隔開的話，人類可以從這個地方，經過陸地直接連到美國北部的阿拉斯加，然後從這個地方往南影響到印第安文化，再向南影響了中南美洲的馬雅文化。

這些美麗的藝術品背後，悄悄地藏著人類文明的軌跡。

人類學、考古學有趣之處，就在於它可能重新改寫我們對地球文明的觀念，甚至發現很多看似遙遠的距離，實際上並不遙遠。

被改寫的歷史

因爲蒙古紅山文化，以及浙江「良渚文化」的出土，打破了黃河流域是中國古文明中心的觀念。所以「黃河是中國古文明的搖籃」，這句話變得有待商榷。

良渚文化在現今浙江省餘姚縣，已經非常靠近南方沿海了，因此它是屬於南方的古代文化。

良渚文化在八〇年代以後，受到世人強烈關注，相關的報導也陸續出現。

因此，並不是只有在黃河上游發現了古文明，在長江流域，也有好幾個遺址陸續被發現。我們過去所認定中國古文明的發源地，可能是錯誤的。

短短的一百年內，遺址的出土就改寫了我們的歷史。所以沿著長江，應該有更多更多新遺址等著我們去發現和探討。例如在四川，我們也發現了非常重要的「三星堆遺址」。它是四川文化最早的發源。這裡出土了很多青銅器，以及約莫兩百公分高的人像。這種西蜀文化跟黃河出現的中原文化，風格非常不同。

陽剛之美與陰柔之美

浙江餘姚出土的良渚文化，在遺址現場就有個博物館珍藏著這些出土的文物。另外，還有一些很好的作品，也被收藏在距離浙江不遠的上海博物館。

良渚文化出產了非常漂亮的陶器。這種陶器的風格，跟我們前面提到的北方的馬家窯文化，或者是半坡文化都非常不同。半坡、馬家窯、廟底溝，這些北方出土的陶罐風格都比較粗獷，器壁都很厚，上面有一些彩繪的紋飾。這種陶器有一種樸素而粗獷的美。

可是我們看良渚文化，特別是上海博物館的陶器館裡，有一個小小黑色的杯子，大概只有十幾公分高，造型有一點像是我們喝白酒的高腳杯。杯體本身跟底下高腳的部分大概是三分之一比三分之二，它的比例非常漂亮，全部是黑陶做的。

黑陶的陶土比較不適合彩繪，所以跟北方擁有彩繪的紅砂陶、白砂陶，風格很不一樣。黑陶通體都是散發高貴氣息的黑色，而且器壁做得非常、非常薄，只有零點幾毫米，像蛋殼那樣薄。

所以我想，南方的文明似乎自古以來就發展了非常優雅、精緻的文化。當南方的器物可以做到這麼輕薄的時候，北方同一個時期做的東西相比之下卻厚重許多。

這個高腳杯的高腳處也是用泥土捏出來的，跟我們鋼筆、原子筆差不多粗細。高腳部分製作非常困難，因爲管狀的杯腳不但不能倒，而且要非常端正、纖細。這是在北方文明裡不容易看到的。

因此我們常說，南方的文化比較優雅、纖細、精巧；而北方就是粗獷、豪邁、大氣。它們所發展出的美感是不一樣的。

南方——最優雅、細膩的文明

如果你到了北方，可以感受到那種大口喝酒、大塊吃肉的豪情。我到蒙古的時候，看到他們所有的肉都是一大塊一大塊的。早上一起來，盤子裡面就是一大塊完全不切的羊肉；可是南方的料理，肉絲卻可以處理得很細很細。

從這裡也可以看出生活習慣上的不同。南方發展的飲食文化，是一種比較精緻纖細的路線。比如說當你吃小小一口的小籠包的感情，跟吃一大塊北方大饅頭的感情，那樣的體會也是不一樣的。

這種美，不只是在藝術品上看到，在生活裡也看得到。所以當我在上海博物館，看到黑色高腳酒杯的時候，我覺得非常驚訝。因爲這一看就是南方風格，拿高腳酒杯的柔情，跟北方用兩隻手捧一個碗的豪情是絕對不一樣的。

大家可以想想，如果有一個高腳杯在你面前，你要拿它的時候一定是用大姆指跟食指去握著它的杯腳，因爲它很輕，所以你的動作也得很輕，你的優雅就會出現。但最讓我驚訝的是，爲了讓這個杯腳更輕盈，以前的人會用一種類似牙籤大小的竹棍子，在下面戳出十幾個小洞。所以手拿的那個部位，就變成了一個鏤空的狀態，也就不會那麼重了。他把胎體一些東西去掉了，然後你可以看到一粒一粒成排的小孔，透著光，非常漂亮。

良渚文化的美，有一種早期文明最優雅、細膩的表現。

除了這個酒杯以外，我們看到良渚還出土了美麗的玉飾，其中有許多臂環。我們現在的手環多半戴在手腕上，但良渚文化的臂環，它是比較大的，可以一直戴到手臂上端。這種臂環上雕了很細緻的造型，其中有兩個大大的眼睛，尖尖的嘴，這種符號在良渚的玉器上到處都可以看到。

然而，所謂的玉，大部分是青綠色的。可是如果到上海博物館看到良渚的玉器，你會很驚訝，它不是青玉的綠色，而是白色的。因爲這些玉是在地底下發現的，被土掩埋以後，它接觸到了不同的物質，比如說碰到石灰，就會被沁成白色。有一個專有名詞稱此爲「雞骨白」，顧名思義就是像雞骨吃完以後曬乾了的那種白色。但是如果你把表層的雞骨白刮掉一點，會發現裡面還是玉石的青碧。

複雜多樣的遺址特色

談到中國古文明遺址，希望大家能夠從黃河流域爲中心的概念，改變爲不管是黃河流域還是長江流域，都發展了不同的古文明。這些古文明它們之間的關係，如何牽連、移動，都有待更多的資料出來以後才能夠證明。

目前我們所知的蒙古紅山文化，浙江的良渚文化，都是重要的觀察地點，對於整個遺址群的分布，應該要有平衡發展的觀念。前面一直提到的馬家窯、半坡、廟底溝遺址，都在黃河中、上游，那麼黃河下游難道沒有古文明的遺址嗎？

其實，在山東歷城縣這個地方，我們也發現了黑陶文化，也就是在歷史課本出現的「龍山文化」。這個地點，就是位居黃河下游，接近出海口了。

在龍山文化之前，還有個「大汶口遺址」，大汶口文化遍布的地區在山東、江蘇一帶，是屬於東邊的文化。

之前提過，南北的風格不同，北方有著粗獷的美，像紅山文化有造型十分單純的「玉龍」；而南方的良渚文化，則是做出了細膩精緻的黑陶酒杯。可是除了南北文化的差異外，同時我們也要注意到，東西文化也有不同。西邊是黃河長江的中、上游，而東邊是黃河長江的下游，它們出土的器物風格也不一樣。

我們之前提過的廟底溝、馬家窯、半坡遺址，它們陶罐上的圖像比較傾向曲線。可是大汶口文化的陶罐上，常常畫上密閉型的三角形。因此東邊中國的文化在造型上比較傾向直線，也比較喜歡穩定、單一的型式。

我們慢慢發現到，每一個遺址的文物，都在訴說著他們的喜好。

然而不管如何，大河文明始終在說一件事情，那就是人類在距離現在一萬年前左右，開始定居了。

如果是游牧民族，他們的居住點會不斷遷徙。譬如蒙古的部族，現在還是住在蒙古包裡。蒙古包的文化，是不會有遺址的，因爲他們散布各地。逐水草而居的生活，當水跟草沒有了，他就得趕著他的羊群、牛群離開，所以留在定點的東西不多，特別是沒有固定性的建築，讓我們不容易發現蒙古包的遺址。

農業文化可能好幾代都住在同一個地方。現代人的遷移經驗比農業時代多得多，我們可能從一個城市遷到另外一個城市，搬家的次數很多。但我記得以前童年的時候，常常有人告訴我，某某人家好幾代以前就住在那裡。從前的人定居之後，他們留下的建築物、器物、墓葬，就是遺址。

由此可見爲什麼遺址的分布，大部分沿著河流的各個主流跟支流之間被發現，就是因爲農業定居的原因。

千年，不過一剎那

人類今天的文明跟過去的文明一定有關連。如果我們對過去的了解不夠深，我們又怎麼知道未來的文明，該怎麼走？

大家都知道有一本書叫《第三波》（*The Third Wave*），它敍述人類的第一波文明、第二波文明，跟第三波文明。一萬年來，我們的文明可能只有三波。現在人類發展到後工業時期，也就是數位科技時代，這波文化徹底改變了我們的生活模式。

所以在這一波文明裡，我們可能再也感受不到源遠流長、承先啟後的文化。因此我們去探討一些大河文明，就是希望能從這些古文明的發展過程，做爲我們的鑒戒。也許有人會問，這些歷史都離我們這麼遠，都已經過去了，那我們研究它、探討它，能有什麼鑒戒？

然而你是否發現，不論是美索不達米亞的項鍊、馬家窯的陶罐，或是良渚文化的玉雕，都會讓我們感覺到生命曾有的美好。那種力量，好像一直在我們生命裡面流動著。

美，使我們感覺到有一個源遠流長的歷史。

人類的手在作品上不斷付出心血。歷史過去了，美留下了。玻璃櫃裡的陶罐、玉雕，我們覺得美，是因爲它們記錄了人類幾千年來生存的記憶。它們與我們有非常親切的對話。

你將會覺得，古代並不遙遠，千年其實也不過一瞬間。

第十一講

上古人像造型比較——埃及、印度、中國、希臘

印度女人的眉宇之間有一股誘惑力，
這種誘惑力是有一點動物本能的。
她走起路來叮叮噹噹，
整個身體呈現一種不安定的狀態。
好像一朵落花在風裡旋轉。

古遺址——小國寡民的悠閒生活

古老的大河文明，在時間分類上，是屬於距今約八千年到一萬年之間的「古遺址時代」。「古遺址時代」是人類初步具有城市規模的「聚落」。這時還沒發展所謂的「王朝」。例如中國最早的朝——夏，當夏朝還沒有形成朝代之前，可能只是一種部落型態。

然而人類的文化，王朝與部落一直是同時並存的。就像現在到了二十一世紀，我們雖然發展了高度的文明，可是全世界還有很多原始民族，他們仍以部落的方式在生活著。因爲這些族群的存在，讓我們有很多研究「活化石」的機會。

不管在非洲還是亞洲的偏遠地區，都有一些小族群，這些族群人數很少，可能只有幾百幾千人，他們過著非常簡單的生活，有點像古書《老子》裡面所說的「小國寡民」式生活。《老子》「小國寡民」的生活是「鄰國相望，雞犬之聲相聞，民至老死，不相往來。」意思是你可以聽到隔壁村子的雞、狗在叫，可是民衆卻老死不相往來。他們生活單純，一生不會與外人有什麼接觸，這就是早期的聚落型態。

之前曾經提到，位於淡水河左岸八里的「十三行遺址」，就是一個小小的聚落。這時候的文化沒有形成一個「國家」，也沒有所謂的「朝代」，這個遺址只是文明發展的初期階段。

如果往上追究，學者在台北觀音山附近發現的「大坌坑文化」，和在台東發現的「長濱文化」、「卑南文化」，這些文化基本上也是屬於聚落型態，還沒有發展成一個王朝或帝國的規模。

如蓮花般開落的埃及王朝

然而，埃及、中國、印度，這些古文明在幾千年前卻出現了王朝、帝國的規模。埃及的發展和尼羅河有關。尼羅河從南部發源，筆直地朝北流向地中海，所以在地圖上你會看一條尼羅河筆直向北流，就像一株蓮花的莖；而尼羅河在出海口的地方形成的三角洲，就像朵盛開的蓮花。

因此到尼羅河旅遊是需要坐船的。沿著尼羅河從南向北，你可以感覺到，所有文明都分布在這條河的兩岸。埃及是所有大河文明裡面，「河谷文明」發展最明顯的一個例子。

由於灌溉和飲水的關係，最肥沃的地方一定是靠河最近的地方。然而一般河流由於有彎曲的河道和支流，往往會形成不同的聚落。可是尼羅河流經的是一個大沙漠，所以從尼羅河沿岸下船以後，無論往哪邊走，走不遠就是沙漠。埃及繁榮之處都是夾在沙漠中的綠洲。所以，你可以看到一片廣漠的黃沙之中，有一條綿延五、六千公里的綠洲。埃及人都聚集在這裡，因為走出綠洲就沒有水，沒有水就沒有辦法生存。

如此在埃及旅遊倒也十分方便，因爲只要待在船上就可以看完整個埃及；埃及文明完全是在這條筆直的河谷上發展的。埃及的首都開羅，位於埃及的最上端，也就是接近出海口的位置。

可是古代埃及有所謂的「下埃及」。它位在現今阿斯旺地區。去過埃及的朋友，可能知道阿斯旺現在有一個大水壩。這附近還有一個古代非常重要的「盧克索」文明。到了盧克索，你會看到偉大壯觀的神殿。光是一個大廳，裡面就有一百三十四根石柱，每一根石柱的直徑大概都接近兩公尺。

在此，可以立刻看到埃及跟中國的半坡遺址、馬家窯遺址都不一樣，因爲埃及是晚了這些遺址四千年之後，才開始建立的王朝。

埃及王朝建立的時間應該接近中國的夏朝。中國開始建立古王國時候，埃及也正好建立了古王國，也就是「Dynasty」的出現。Dynasty 我們翻譯成王國、朝代、帝國，這種政治型態一定要有很嚴密的行政組織，才能夠把國家體系建立起來。埃及的政治結構，法老王之下有貴族、祭司和官員，他們是古埃及的特權階級。農民、工匠和商人則屬於古埃及的平民階級。從戰場俘虜來的奴隸則是最低的階級。這樣嚴密的社會結構，在早期遺址中是看不到的，要到最近的五千年左右，人類開始有文字紀錄才出現的社會組織。

期待永恆的肉體之美

人類藝術裡，有個非常重要的一個主題，就是「人像造型」。所以我們在埃及旅行，印象裡最深、最美的作品，就是巨大的人像雕刻。我們可以從人像雕刻中，發現古文明的成就。

前面提到，埃及的金字塔是法老的墓葬。埃及人相信如果帝王死去，把他的屍體保存到最完美的狀態，他就能夠再度復活。所謂的完美，是指所有肉體、骨骼、毛髮的部分都不腐爛，也就是將肉體製成「木乃伊」。

所以在大英博物館、羅浮宮看到的木乃伊，一直是我們探討埃及古文明的重點。它提供我們很多醫學上的知識，不僅如此，對於學美術的我來說，更提供我很多美的訊息。

腐爛，是不美的。因此對古埃及人而言，生命死去之後，若肉體能夠永恆不朽，才是美。如果我們去探討木乃伊的製作過程，我們會非常非常驚訝，因為他們可以在當時醫學知識並不發達的狀況，將屍體做非常完善的處理跟解剖。

我在開羅博物館看到一張石桌，那是當時的解剖台，它有很好的設計，可以利用傾斜角度把血水排掉。屍體剖開以後，要把內臟分別處理。石桌上有幾個罐子，這些罐子分別雕成不同的動物形狀，每個罐子放不同的內臟。例如：肺放在一個罐子裡，腸胃放在另一個罐子裡。他們甚至懂得從人的鼻腔裡面伸進一種非常特殊的儀器，把人的腦勾出來，避免腦腐爛，所以木乃伊的頭顱也是中空的。

他們懂得把處理完的體腔，用鹽或者一些特別的藥草擦拭，吸乾水分，然後塞進藥草，重新縫起來。所以木乃伊的內臟其實被拿掉了，另外保存在罐子裡，而身體還是一個完整的人形。經過藥草的擦拭，做完乾燥處理後，便開始用布一層一層把肉體包起來。我們現在很訝異的是，打開木乃伊時，它整個形貌只有乾縮，肉體則被完完整整地被保留下來。

爲什麼這裡面會有美的訊息？

因爲當時埃及人相信，人死掉之後會再復活，他們認爲肉體下輩子還要再用，所以要把骨骼、肌肉，毛髮都保存得很好，那麼他的靈魂「卡」就會再回來使用這個身體。

但萬一屍體腐爛怎麼辦？製作木乃伊也可能會失敗，所以他們就做了很多防範。

如果靈魂回來找不到肉體，會很淒涼地漂浮在空中，沒有肉身可以寄託。埃及人就用像花崗岩那樣堅硬的石頭雕出人像。意思是如果肉體腐敗了以後，至少還有一個石頭的像做爲代替品。

這是人像造型最早的來源。可見最早的人像並不是藝術品，也跟美感無關。可是美的訊息已經貫穿在裡面，因爲他們相信身體必須要在一種「謙卑」、「愼重」的狀況，等待「卡」回來。

以最謹慎的姿態等待復活

如果你到了埃及，或是看過埃及文物展，你會發現所有的雕像，他們的身體姿態都會有一種緊張感。

在藝術史上，埃及人像造型有一個特徵，就是如果從人像鼻梁中軸畫一條線，它的兩邊完全是對稱的，亦即這個人像一定處在一個立正的姿態，兩邊完全平衡、對稱。所以有人把這種形象

拉姆西斯二世人像

稱爲「正面像」。埃及人像的臉一定朝向正面。「正面像」標誌了最早雕像的身體姿態。

但是印度、希臘的人像，它們並不一定是完全直立的，他們的臉也不一定是朝向正面，可能朝向側面。他們的身體也不像立正姿勢那樣嚴肅。

另外，埃及人像的手，都是有點半握拳的樣子。這是因爲他們在手掌中常常握著一卷有點像紙卷的東西。大家知道，埃及很早就有紙的發明，可是他們的紙跟中國的紙不太一樣。他們有一種植物叫「紙莎草」，有點像水邊的藺草，埃及人把它切開來，一片片橫直重疊，壓去了水分曬乾就可以在上面書寫。所以它是用草做的紙。

在這草紙上書寫了埃及的歷史，也書寫著他們與神對話的「神諭」。所以他手上握著的這張紙又叫做「死亡之書」，死亡之書裡面記錄了埃及人的信仰。人死亡的時候，要帶著它到諸神的面前接受審判。「死亡之書」會帶領靈魂越過死亡，通向復活之路。

因此，埃及人像身體的姿勢，就與其他的民族不太一樣。

穩定嚴肅的沉重之美

印度、希臘發展出和埃及完全不同的人像姿態。印度人像的手的姿勢比較自由，比較有

「action」，也就是身體可以有很多不同的動作。我們可以因此分辨不同的民族，他們人像造型風格的差異。

當我們凝視一尊埃及雕像的時候，會感覺到一種不苟言笑的謹愼。因爲他們的文明必須面對一個非常嚴肅的議題——死亡。在死亡面前，人不能隨便，不可以太過輕鬆。因此埃及的人像，呈現一種沉重的美。他的臉上有一種非常深沉的力量。

十九世紀以後，拿破崙征服了埃及，他們發現比起埃及漫長的文明，歐洲文明根本像幼稚園小孩一樣粗淺。

埃及有源遠流長的古文明，而且裡面有對人類生命非常深沉的思考。所以當大家面對一座金字塔，或者面對埃及人像時，我們會感覺到一種沉重之美。

埃及人像之美，因爲有著金字塔般的沉著。

我們知道金字塔是一種非常穩定的造型。因爲金字塔不只是個三角形，它還是個角錐體，所以它是地平線上最穩定的造型。如果你用這個方法觀察埃及人像，會發現埃及的人像、石雕，往往左腳在前、右腳在後，也是形成角錐的感覺。他的身體產生了一種永恆的穩定之美。

所以，「靜止」是埃及人像之美。

印度卻剛好相反。

在印度，不管是神像還是人像，常常會有一隻腳抬起來，類似「金雞獨立」的姿態。這樣的姿勢，重心會落在踮起來的腳尖上。這也是印度一種舞蹈的動作。

金雞獨立的姿態，必須要用手來保持平衡，我們看印度舞蹈的時候，發現他們整個全身的重量都壓在一隻腳尖上。

但是這樣的姿態，身體不能維持很久，因爲你會搖晃。搖晃的時候你會用手去平衡，就像鳥用翅膀平衡一樣。所以這就構成印度舞蹈中，不斷因旋律而運動的美。

這跟埃及絕對的、穩定不動的狀況，形成對比。

佛教常說「無常」。「常」是一種穩定的狀態，但「無常」則是變化。生命本身並不是處在固定的狀態，而是必須不斷接受變化。

所以印度人與埃及人的信仰剛好相反。埃及人認爲人去世以後，要安安靜靜地等候「卡」回來，因此他會很專注地凝視正前方，只爲了等待生命再一次復活。可是印度人相信生命是不斷轉換的，生命會「輪迴」，正如身體會腐朽。

印度人像充滿嫵媚的流動之美

埃及人認爲身體要好好保存，因爲靈魂會回來；可是印度人覺得身體要燒掉，因爲將有新的肉身。新的身體可能不是人，可能是牛、馬、豬或其他的動物。佛教「六道輪迴」的觀念，就是認爲生命會以新的形式重新開始。

印度跟埃及有了對身體完全不同的解釋，所以他們的身體就呈現了不同的美感。

如果說埃及的人像給我一種沉重、穩定、靜止的美，我想印度的人像給我的則是一種流動、旋律或者嫵媚的美。

兩個美麗極端

埃及最美的人像是男性雕像，非常陽剛、簡潔有力，可是印度最美的像都是女性，她的身體整個像蛇一樣在流動，她的每一根手指都是往外彎曲，好似在變動著。

我想大家看過泰國的舞蹈，她們女性的手指非常柔軟，整個身體好像沒有骨節，其中最美的是她們柔軟的腰。

埃及的人像，腰部都是扁平的，他象徵的是正面與陽剛。可是我們看印度的人像，尤其是女性的雕像，它特別強調腹部的柔軟。印度的衣服往往是兩截式的，特別強調露出腰部。

而女性走在街上的時候，腰部的擺動非常美，就像蛇的柔軟腰肢。因此我們就可以看到，「美」有它的傳統，一個民族認爲最美的優點，往往會在他們的服裝上呈現。

印度的女性是我看過的族群中最嫵媚的。嫵媚這個詞，帶有一點點挑逗。印度女人的眉宇之間有一種誘惑力，而這種誘惑力是有一點動物本能的。印度人也喜歡在身上用豔麗顏色的沙龍、金銀手環、耳環裝飾自己。她走起路來叮叮噹噹，整個身體都呈現一種在不安定的狀態，好像一朵落花在風裡旋轉。

這個時候我們就會感覺到，印度人身體的美，跟我們在佛像裡看到的不一樣。佛像其實很安靜肅穆，可是傳統印度教裡的雕像卻不然。如果大家到印度的卡鴆拉荷（Khajuraho）市，你會發現這裡的雕像都跟性有關，那些雕像的身體全部都在用最原始的、本能的姿態挑逗著、誘惑著你的感官。

因此，埃及的美跟印度的美剛好形成了兩個極端，一個是絕對的、嚴肅的美，一個則是不定的、嫵媚的美。

嬉皮與大麻文化的發源

「美」是一種生態。因此埃及與印度的人像之美，形成了兩種非常不同的美學。尼羅河理性的文化，讓他們在數學跟幾何學創造了偉大的成就，因此發展出嚴肅而理性的塑像，表現靜止而永恆的雄偉。印度的傳統文化則是感官的，他們重視不只是視覺，還有嗅覺、觸覺上的感受。

我自己曾有到印度三次旅遊的經驗，每次到印度總覺得那裡到處都是氣味。印度教的廟宇喜歡焚燒各式各樣的香料。那些香料就像毒品，使你覺得昏沉。如果一天內去了幾間廟宇，你甚至覺得神思恍惚。

印度民族好像有種神思恍惚的美。這恍惚又讓人很難解釋。

我聽過印度拉維香卡（Ravi Shankar）的西塔琴音樂，這種音樂就像細語呢喃，好像聽不清楚他所說的語言。這種音樂的唱腔不是理性所能認知的詞語，而是無休止的感官挑逗。

印度音樂在七〇年代對西方的音樂發生了非常大的影響。大家熟知的披頭四（Beatles）樂團，主唱約翰．藍儂（John Lennon）拜的老師就是拉維香卡。

因此當時的歐洲人對印度文化非常崇拜。我想就是因爲歐洲的文明太過理性了，所以他們會尋找印度這種比較感性的、嫵媚的文化來平衡，所以當時從歐洲到印度學音樂、舞蹈的人非常多。

我們知道，西方的芭蕾舞對身體也有很嚴格的訓練。他們得踮起腳尖，做出固定的動作。可是印度的舞蹈特色卻是柔軟，他們的舞者好像沒有骨節似的。其實這動作也有點像瑜伽，從瑜伽中，我們也可以感覺到印度發展出來的身體美學。

瑜伽的幾個招式有很多高難度動作，在這高難度的動作之中卻可以讓你放鬆。我們身體常常處在緊繃的狀態。可是在瑜伽裡，他會要求你儘量把身體從直線變成曲線。

我有一個朋友可以做瑜伽的拜日式，拜日式是印度人在恆河邊，當太陽升起的時候，做出的拜天姿勢：身體呈現金雞獨立的姿態，把手向前伸直，讓骨頭關節發生微妙的變化。

印度文化充滿魅力，「魅」這個字是帶有一點神祕意味，不是理性能判斷的。

因此你去印度，如果用理性的角度去思考印度文化，那麼你會無法融入。這有一點像佛教所說的「不可思議」。不可思議是《金剛經》裡的句子，意思是你不能去思想、討論，也不能用邏輯去判斷。它完全是一種神祕的經驗。神祕經驗是感官的，所以不能「思考」，而是要去「感覺」。

七〇年代以後，西方年輕人流行嬉皮文化，就是跟印度、尼泊爾的文化有關。大麻文化其實是從印度開始的。吸食大麻菸的過程中他們會產生幻覺，身體的理智能力喪失，產生迷幻的狀態。

埃及的文化強調嚴格，強調一絲不苟、有條不紊。埃及金字塔是數學精密計算的結果，如果埃及人常在迷幻的狀態，他們的金字塔怎麼蓋得起來？

但是印度的文化強調的是「無常」。他們覺得在這無常的世界中，沒有什麼事是一定要堅持的。他們便採取一種比較放鬆的生活態度。

在地中海北岸，我們也發現了非常美麗的希臘雕像。

希臘文明是愛琴海島嶼所發展出非常特別的文明。愛琴海有很多小小的島嶼，像帕特摩斯（Patmos）、薩摩斯（Samos）等等。這些小島嶼所發展的政治組織稱爲城邦，跟印度、埃及發展的帝國很不相同。

城邦文明，是感性與理性的平衡。

埃及最有名的「死亡之書」，是與宗教神祕力量有關的神諭；而印度也留下很多宗教性的史詩、神話。希臘也有神話。可是希臘還有更重要的東西——哲學，他們有蘇格拉底、柏拉圖、亞里斯多德。

「神話」充滿了不可思議的力量，但是哲學卻是理性的思考。哲學講究的是「邏輯」。「邏輯」這個詞就是從希臘文翻譯過來的。希臘人相信人有思維的能力。因此在神話跟哲學之間，希臘人產生了非常優雅的平衡，這個平衡具體地表現在希臘人像身上。

希臘的運動會，也是印度跟埃及所沒有的。從希臘北端的麥西尼（Messenia）半島往北走，會到一個地方叫奧林匹亞（Olympia）。在這裡可以看到人類在公元前七百七十六年建造的運動場，它告訴我們當時的希臘人，是裸體在這個運動場上丟標槍、跳高、跳遠的，而比賽勝利者擁有被塑像的殊榮。

因此我們現在所看到的希臘人像，有很多是正在運動的姿態。運動產生了一種和諧，因爲運動員知道怎麼讓自己動作保持一種平衡。希臘雕像不似埃及人像這麼呆板，也不似印度強調不斷變動。現在全世界學素描的人，畫的都是希臘石膏像，因爲希臘人像剛好介於感性與理性之間。

所以，什麼是美？

美就在平衡之間。

美是身體自己找到的平衡。極端的東西會有極端的美，可是平衡的美會達到一種舒適的和諧。

所以，我們不只要從埃及、希臘、印度古代的人像尋找美，我也希望你可以在自己平時的動作、舉止、表情之間，找到美的根源。

第十二講

青銅時代——夏二里頭文化

青銅時代，是人類文明的曙光，

相對而言，

青銅時代以前的石器時代、陶器時代，

就是混沌未明的黑夜。

人類的價值，因思想而存在

人在大地上直立以後，變成所有的動物裡，腦的思維及手的能力發展最強的動物。

我們稱人類爲靈長類，靈長類是所有的動物群中不只發展體能的高等動物；相反地，牠發展了「智慧」。因此人類的腦容量範圍比一般動物要高出很多很多。腦容量在外表上看不出有什麼特別之處，但卻是人類從事思維工作、運用物質的能力來源。

如果我們問一個人：「人類存在的意義和價值是什麼？」也許他一時答不出來。

然而我們仔細思考人類因爲腦容量的發展，以及直立以後用手製作器物的能力，就是人類存在的價值。

人類站了起來，開始發展他的腦，從「手腦並用」開始創造出非常驚人的石器時代、陶器時代、青銅時代等物質世界。

石器時代，人類懂得用石頭打造各種工具；接下來，他懂得把土加水變軟以後，像揉麵一樣地揉出各種造型或是拉胚，拉出一個陶罐；同時他也懂得用火在窯裡燒陶，等到火溫到了攝氏八百度、一千度甚至一千兩百度，陶土就固定、變硬了。這些不只是物質的利用和技術的運用，更重要的是人類大腦思維變得更加縝密。

我們發現所有的動物，不管是家裡養的貓、狗，或牛、馬、豬，沒有一種動物的大腦擁有智慧，足以幫助牠用四肢做出器物。如果有一天我們回到家裡，忽然發現家裡養的狗，拿著土在捏東西，我們大概會嚇一大跳。

從咿呀學語到美感形成

因爲一般動物沒有這種能力。做爲一個人的尊貴之處，就是因爲腦的思維的確是所有動物所沒有的。

如果我們去博物館，可以看到最早人類用手打出來的玉璧或者玉琮，這些美麗的雕刻品，表現了人類對玉石的愛好。八千年前的美索不達米亞人，他也已經懂得把一塊石頭慢慢磨，磨成一粒圓形的珠子，然後在裡面穿孔，串起來變成項鍊戴在脖子上。他的手、他的腦都已經進步到非常精細的程度。

有時候從孩子的成長過程裡，也可以看到人類文明的再現。

我們觀察家裡孩子的行爲，你注意當他一兩歲時，給他一些珠子，他還不懂得拿一根線去穿過珠子的孔，把它們串起來。但過了幾年之後，有一天他可能忽然就會了。因此這個行爲恐怕不是很早發生的。

所以，我們感覺到人類上萬年的文明史，好像能具體而微地在一個孩子的成長過程裡面重複一次。我也很喜歡觀察孩子的發音。孩子剛出生最初只是會哭會笑，只會發出本能的聲音。接下來他開始整理出語言，會叫爸爸、媽媽。然後，他懂得拿一枝筆畫出情緒，然後他可以把情緒變成文字，表達自己的想法。

石器時代、陶器時代過去了，接下來是「青銅時代」的來臨。青銅時代是東方、西方都非常重要的文明。

羅丹作品〈青銅時代〉

法國有一位十分傑出的雕刻家羅丹(Augeuste Rodin)，他有一件作品，就叫做〈青銅時代〉。這個作品是個站立的全裸的男子，他的臉部表情好像是被清晨第一道曙光喚醒的樣子。他的眼睛正在慢慢睜開，可是在睜開的過程裡還有一點矇朧。

羅丹把握了人類意識還沒有完全清

醒的剎那，把這種感覺做出來，命名爲〈青銅時代〉。他之所以把一個剛睡醒的男子叫做「青銅時代」，因爲「青銅時代」是人類文明的第一道曙光。

人類文明的曙光

青銅時代，是人類文明的曙光。相對而言，青銅時代以前的石器時代、陶器時代，就是混沌未明的黑夜。用青銅時代比喻人類文明的曙光，有一個部分原因是因爲青銅很耀眼。青銅器像黃金一樣閃閃發亮，你覺得它遍體閃耀著燦爛的光輝。

如果我們在桌上放一個陶甕，在旁邊放一個青銅做的鼎，你會感覺到你的視線很容易被鼎所吸引，因爲它是光鮮亮麗的。但是陶罐則會讓你覺得有點樸拙，不那麼迷人。

在中國古代，「金」泛指所有金屬，特別是當時製作出來的青銅，而不是我們現在所謂的黃金。大概到了夏朝、商朝的時候，中國已經有了青銅器，因此中國的文字裡，就出現了「金、木、水、火、土」這五行。

這五個字到現在對我們影響都還很大。

木、火、土、水，是人類自古以來就常常使用的。例如構木爲巢、鑽木取火、引水灌溉、製作陶器。「土」讓你感覺到敦厚、穩定；「水」讓你感覺到流動、智慧；「木」讓你感覺到繁榮、成長；「火」讓你感覺溫暖、淬鍊。

那金呢？

金屬，讓人連想到銳利。比如說刀子，就是很剛硬的東西。當時的人類在發現了金以後，發現金屬有一種特性，於是開始懂得冶金。

「冶」就是鍊製金屬。因爲金屬熔點非常高，如果我手上拿一個黃金的戒指，我問一個朋友說，你覺得這是固體還是液體還是氣體，我想大部分的人都說，這是固體。可是我們不要忘記，所有的金屬到了熔點都會變成液體，連石頭都有液體的狀態（火山爆發時的熔岩）。

我有些做金工的藝術家朋友，他們用高溫的火在小小的坩堝上，就可以把白銀、黃金或者青銅熔化。熔化成液體狀態以後，倒進模子裡，就可以做出他要的形狀。

石器時代人類用岩石做很多東西，岩石到處都是，你不必特別困難就可以找到石頭來製作工具。到了第二個階段，大概接近一萬年前，人類用土來做陶，土的發現也不太困難。從岩石到泥土，人類要發現材料都不困難。

青銅——成就人間典範

如果今天要你去找一塊銅，你會發現很難找。在大自然中，銅在哪裡？最早的「銅礦」是掩埋在泥土或石頭裡的，要找到銅礦非常不容易。

人類最早找到銅，可能是在森林大火當中意外發現的。森林大火的火溫高到一定程度，就能把銅礦熔化。融化的銅礦流出來以後，剛好附著在一個陶罐的表面。等到大火過去以後，人類回到大火的現場去尋找他的家園，就發現熔化的銅附著在陶罐表面，那些銅塊可以複製出陶罐表面的形狀。

這個時候他感到很好奇，覺得「這是什麼？」然後他開始尋找銅礦的來源以及銅礦的熔點。

我想大家一定聽過兩個字叫做「模範」。在學校讀書，品行兼優的學生稱爲「模範生」；進入社會以後工作態度認眞的人是「模範員工」，或者母親節會頒獎給「模範母親」。「模範」表示一種優良的典型，值得大家效法。但「模」和「範」究竟是什麼？

其實「模」跟「範」都是做青銅器的工具。如果我們要做一個青銅的器皿，例如青銅的碗，必須要先有一個陶土做的兩層的碗。這兩層的碗外面的稱作「模」，裡面的稱作「範」。

具體來說，把一個碗放在桌上，然後在裡面套一個比較小的碗。大的碗跟小的碗中間就產生了空隙。這時我們把熔化成液體狀態的銅汁倒進兩個碗中間。然後銅汁就會充滿在大碗跟小碗中間的空隙。等它冷卻以後，我們就可以把外面的「模」跟裡面的「範」打碎，銅碗就完成了。

這就是「翻模」的技術。

如果大家到鐵工廠、五金工廠參觀，現在大部分金屬工廠還是用這樣的方法製作金屬。這種過程叫做「翻模」，或者是「開模」。

因此，如果要做出一個青銅器，你必須要有很好的製陶技術，有好的陶模、陶範才能灌注漂亮的金屬的器皿。所以青銅器的製作其實非常麻煩。我們對青銅時代器物的製作不太了解，因爲我們沒有看過「模」跟「範」。「模」跟「範」是器物完成之後，自己要犧牲的，注定要被打碎。可是它會把它的形狀複製在青銅表面上。

在四、五千年前，人類發展了開始使用青銅的文明。這是一個驚人的跨越，可稱爲當時的高科技產業。

製作青銅器物的皇家祕方

青銅器的產生，使人類進入了「高科技時代」。如果現在要你把一塊金屬熔化，你都不一定能做到，更何況當時的人能夠掌握金屬的熔點，更是件不容易的事。

今天我們生活中還有很多金屬製品，像菜刀、刀叉、湯匙等等。現代製作金屬的技術更發達了，有不鏽鋼、純銀等等更精密的技術在不斷地更新。

然而人類早期發現的青銅，其實跟我們現在說的「銅」不太一樣。青銅的顏色跟原始的紅銅不一樣。如果你把一條不用的電線外面用來絕緣的橡膠切開，你會發現裡面會有很多銅絲。銅絲是導電性很好的金屬，所以我們電線裡的銅絲用的是眞正的紅銅。而紅銅跟我們在故宮博物院看到夏朝、商朝的青銅是不同的。

因爲當時的人們已經懂得把紅銅跟錫，拿來做成合金。把錫加上紅銅，會變成一種比較硬的金屬。

如果把電線切開來，去玩那個銅絲，你會發現紅銅的特徵是導電很快，可是它非常軟，只要用手就可以改變它的形狀。那麼這樣的東西如果拿來做酒杯、鍋子，就不太好用，因爲太容易就垮掉、壞掉了。

所以，古人經過很多次試驗，發現把錫加進去以後，它會變成硬度比較高的金屬。從此以後，鼎、酒杯就可以站立起來了。

因此，青銅是一種合金。

我們知道古代有一本書叫《周禮》。《周禮》裡面有一篇〈考工記〉，〈考工記〉介紹了中國古代工藝的製作過程。對喜歡工藝、科技的朋友來說，這本書很重要。它是最早的中國科技史資料。在這文章裡面告訴我們，當時在製作鼎的時候，紅銅跟錫的配方跟比例是多少。

〈考工記〉有「大刃之齊」、「鼎爵之齊」的紀錄。「齊」，就是配方跟比例的意思。「大刃之齊」的意思就是製作「大刃」的比例。「大刃」是一種打仗用的大刀，它需要特別高的硬度。因爲在戰場如果刀子硬度不高，就很可能會折斷。所以做刀子的配方可能是兩分的銅、一分的錫。而「鼎爵之齊」則是製作「鼎爵」的比例。「鼎」是鍋子，「爵」是酒杯，它們的硬度不需要像大刃這麼高。所以鼎爵之齊可能是五分的銅、一分的錫。

這是當時的科技發展，掌握了這樣的配方跟比例，就可以製作出各種不同的青銅器物。掌握這個配方的國家，就是擁有權力的國家。

這如同今天商業、科學上所謂的「商業機密」。像是我們製作晶圓，但我們不希望製作晶圓的技術被別的國家或廠商知道。因此，掌握青銅的製作比例，就等於掌握某一種專利。政治的強盛或者經濟的富有，都跟這個專利有關。

所以我們說，在〈考工記〉裡記錄的是製作青銅器物的「皇家祕方」。

技藝的顛峰

談到中國的青銅時代，一定要介紹《周禮》〈考工記〉。當然《周禮》〈考工記〉可能是將歷代科技最後總結的極致，最後的成書時間可能在周朝，也可能再晚一點，所以它並不能考究確切的作者，或者確切的年代。它是經由時間和經驗陸續累積起來的。

我自己在《美的沉思》裡，也大量引用這部書的資料。幾千年前，我們竟然擁有這麼了不起的青銅製作技法。

如果我們能記錄現今高科技的資訊，譬如說怎麼做八吋晶圓、十二吋晶圓，我相信未來，這些資料也是代表我們這個時代的文明。所以研究青銅時代，我們對這些書籍必須非常重視。而中國製作青銅的文明，是可以傲視全世界的。

研究美術史的外國朋友都非常羨慕中國的青銅技術。因爲那個時代，全世界沒有幾個文化出現青銅，而且可以把青銅的配方做到這麼完美。

當時中國文明的青銅器技藝，是全世界科技的最高成就。青銅，不只是藝術，不只是美，同時還是高科技產物的代表。

長期以來，我們對於中國什麼時候開始有青銅器，一直有非常大的爭議。我們比較傾向商朝，因爲地底下挖出了青銅的鼎、青銅的爵都是商朝的文物居多。故宮博物院就收藏了很多商朝、周朝的青銅器。夏、商、周三代的青銅達到了技藝的巔峰，這時的器物特別地精美。

可是最早的起源在什麼時候？從前的考古遺跡只挖到了商朝，還沒有發現夏代的青銅器。可是在最近的二十、三十年當中，夏朝的青銅器已經發現了，就是河南的「偃師二里頭」，在這個地方已經發現了夏朝的青銅器。這批青銅器曾經從大陸送到台灣，在台中科學博物館展出過。

所以我們可以很確定地說，中國的青銅器，發源的時期是在夏朝，與文字的紀錄完全吻合。

鼎——安和樂利的象徵

夏代的青銅遺址已經被發現了。依據河南偃師二里頭所出土的青銅器，證明夏代已經擁有製作青銅的能力。

當地底下的遺址還沒有被發現以前，中國古書上就已經告訴我們，夏朝已經擁有製作青銅器的技術。可是當時很多學者不太相信，他們認爲遺址還沒有挖出來以前，文字的紀錄都有可能是假的。

大家知道中國第一個朝代就是「夏」。我們爲什麼稱夏爲「第一個朝代」？因爲在夏朝出現以前，基本上還是維持部落的型態，可能只有酋長，還沒有演進到「皇帝」這樣的統治者出現。但是到了夏朝的時候，出現了第一個天子，就是「夏禹」。

我們知道「夏禹治水」的故事，據說是因爲夏禹治理了水患，大家很感謝他，就決定由他的兒子啟來繼承王位。所以構成了中國第一次「家天下」的開始。

夏禹王在做了天子之後，《左傳》記錄他曾經做了一件事，就是「鑄九鼎」。「鑄」這個字就是冶金，也就是鑄造金屬。夏禹做了九個鼎，放在他的皇宮前面。如果用今天的話來說，就是總統府前面放了九個鼎。這九個鼎代表他是天子，代表他是天下的共主。

鼎象徵著安和樂利的生活

爲什麼會有九個鼎？

夏禹當了皇帝之後，把當時的中國分成九個行政區域。用現在的話來講分成九個省或九個州，當時叫做「九牧」。「貢金九牧」就是從九個地區進貢的銅，做成九個鼎。

那「鼎」又是什麼？

在博物館中，我們可以看到鼎。鼎就是三腳的容器，類似我們現在廟裡插香的香爐。鼎令人感覺十分尊貴，似乎是皇帝專屬的東西。其實閩南語裡面的「鼎」，就是鍋子。鼎本來就是「大鍋子」的意思。早期用青銅做的鼎是來煮飯、煮肉的鍋子。

在二里頭挖出來的鼎，裡面還有一些肉類的化石在裡面，就是當時肉類固定在鍋底的遺跡。

爲什麼天子登基的時候要擺九個鍋子？

中國有一句古話「民以食爲天」。爲什麼一個人可以當皇帝，因爲他有個使命，要保證老百姓能吃得飽。所以，鼎是一個象徵：我負責讓你們有安和樂利的生活。意思是我拍胸脯保證，負責讓大家都能吃飽。這有點像我們今天的競選宣言，像我們常說的「牛肉在哪裡」。

問鼎中原——古代的政黨輪替

後來，中國有句成語「一言九鼎」，意思是皇帝一講話，就跟這九個鼎一樣不能夠隨便亂動搖。這表示君無戲言。因爲執政者要有分量，他要有高度的智慧，保證人民的生活能安居樂業。「鼎」，從老百姓吃大鍋飯的鍋子，演變成皇帝的權力。

因此，除了「一言九鼎」之外，還有一句成語是「問鼎輕重」。

「問鼎輕重」這句成語是說，凡是可以做皇帝都能把鼎拿起來。表示天子擁有特別的神力。因為鼎很重，一個人是搬不動的。

後來，周朝每一個皇帝登基時都有九個鼎在廟堂前面。可是周朝的皇帝愈來愈差，老百姓民不聊生，生活過不下去，經濟崩潰，國政一塌糊塗。這時候，楚莊王就北上，問了周天子說：「你這個鼎到底有多重，我也想抬一抬。」

這就是「問鼎輕重」的由來。他為什麼這樣問？因為他在挑戰王權，意思是說：「我看你別做了，最好能夠政黨輪替一下。」他的目的是挑戰周天子的權力。所以我們用「問鼎輕重」，表示挑戰皇權的意思。

例如現在報刊上可能報導，某某中國小姐「問鼎后座」，就表示她可能僭越了自己本來應有的地位，想要擁有更高的權力。

從這些很世俗的語言，大家可以更加了解青銅器的文化。不管「一言九鼎」或「問鼎輕重」這些話題，在我們今天的生活裡，其實都還延續著。

第十三講

文字時代的來臨——歷史曙光

藉由甲骨文，

我們看見了商朝人哪一天想要過河？

什麼時候要打仗？

哪一天發生日蝕？

哪一天地震了？

這些文字變成非常重要的史料。

人類的文明也因此跨越到另一個層次。

如火烈烈的燦爛王朝

人類走過了沉重的石器時代，走過了含蓄、木訥的陶器時代之後，終於來到青銅時代的面前。青銅時代帶來了文明的曙光，你突然覺得黑夜過去，大地上透露出黎明燦爛的光亮。這個時候人類處在一個非常興奮的時刻。

青銅時代之所以稱爲文明的曙光，不只是因爲青銅本身的燦爛。《詩經》裡保留了商代的一些詩歌，像《商頌．長發》有一句話是「如火烈烈」，意思是商朝的興盛就像火一樣熱烈燃燒。

這句話描繪的正是商朝的文化。因爲商朝文化是「如火烈烈」的青銅時代高峰，你可以感覺到從陶罐的時代進入到青銅器的時代，在歷史上是多麼重大的改換。

之前討論過，陶器時代的人們，政治組織是屬於比較小型的部落型態。揑陶的工作，一個人就可以完成。只要用一些土，用轆輪來手拉胚，就可以做出一個陶甕。大家記不記得，小時候在鄉下，家家戶戶門口都會放一個陶甕，陶甕裡放著剩菜剩飯。因爲當時很多家庭都有像養雞、養豬、養鴨之類的副業，每天都有人會推著板車來收這些餿水。

這讓我印象非常深刻。你感覺到那個時代，使用非常多的陶器，家裡的米缸、水缸也都是陶的。

農業時代，工業還沒有發展，家裡使用的多是陶製品和手工製品。那個時代有一點像老子「小國寡民」的社會。小小的區域，人口也不多，你可以聽到隔壁村落的雞鳴、狗吠。但是老百姓就算活到很老，他也不太到隔壁村子去。因爲當時沒有什麼商業文化使人類遷徙流動。

家天下世代的來臨

農業是自足自給的生活方式，自己種稻米、自己種麥子、自己紡織。他們的生活非常單純。可是到了青銅時代，政治結構改變了。因爲銅從挖礦到冶鍊的過程需要大量的工人，因爲一個人的力量不可能做出青銅器。在中國大陸的遺址裡面發現的「銅山」，就是過去冶鍊銅礦的礦場。這些礦場需要的工人都要好幾千人。我們推測當時可能是用奴隸做這個工作，而奴隸可能來自戰俘或是家境貧苦的工人。

挖礦工作很辛苦，要把礦土挖出來集中在一個地方，用大火冶鍊，然後提煉出銅。這已經是工業的製程了，與農業小規模的生產活動不太一樣。

我們說青銅時代是一個重大的跨越，因爲經濟生產的組織跟規模，已經開始改變。過去人類不需要把這麼多的工人聚集在一起，農業人口是散布在鄉間的。可是到了商業或者工業的時候，人口大量集中，形成新的社會組織。另外，當冶金這樣的工程需要這麼多工人的時候，社會上就會開始出現階級。農業時代人類的階級差異沒有這麼明顯，社會好像沒有特別有錢或特別窮的人。

可是到了青銅時代階級制度開始發展。主掌冶金的人一定是握有權力的人。爲什麼夏朝是中國第一個能執行家天下的朝代？因爲夏朝剛好就是第一個產生銅器的時代。

掌握青銅的國家會變得非常強大，他可以把周邊所有的小國都滅掉。

青銅時代出現以前，怎麼打仗？很簡單，就是用石頭。石器時代的戰爭我敲你一下、你敲我一下，拿瓦罐把別人頭打破，傷亡不會很慘重，兩國差異也沒有那麼懸殊。

可是有了青銅之後，青銅製的戈、矛、刀子，可以殺人如麻。所以夏代、商代以後，出現了一個成語叫「血流漂杵」，就是殺人流的血，可以讓搗米用的杵漂浮起來。

你可以想像，「血流漂杵」表示有多少人死亡。

武器改變了，因而整個經濟商業，國防工業也隨之改變。當時掌握「青銅」技術資源的國家，就變成強大的國家，可以把周邊的國家都消滅。

由於極權政府出現，產生了「貢金九牧」，意思是其他國家都要向政府進貢。夏朝的君主變成了絕對的「王」。當時其他部落，大部分都還在製陶的階段。因此夏代的強盛，絕對跟他掌握金屬有關。

用今天的話語來說，今天有能力掌握國防工業的高科技國家，就握有絕對的權力。譬如說核武談判的時候，世界上只有幾個國家可以參加，大部分國家是不能參加的，因爲沒有發展核武的條件。

因此夏朝的興盛，在於他掌握了當時的高科技，因此皇帝讓自己的兒子、孫子繼續享有這個特權，也就是「家天下」的形成。

這也就是青銅在歷史上扮演的重要角色。

中國的醒酒瓶

我們已經在二里頭找到夏代的青銅遺址，可是夏代的青銅器出土的量，還不是太大。夏朝是青銅文化起源的重要朝代，可是青銅文化最燦爛的時代，是在商朝。

商朝歷時很久，中間曾經有過遷都的情況，所以我們稱爲「殷商」。殷，其實是商朝的前期。這段時期最重要的，就是青銅的製作已經到了極其精準的地步。

我們前面介紹過〈考工記〉，它告訴我們當時製作青銅器的比例、配方。如果我們把故宮博物院的青銅器裡面拿出一點點成分做化學分析，我們會發現跟〈考工記〉裡面記載的「齊」幾乎完全一致。「齊」就是製作青銅器中，錫、銅的比例配方。這說明商代的青銅器已經有了非常精準的技藝。

青銅是非常美麗的藝術品。我們必須要知道，藝術品之所以美，是因爲它的科技到了高水準的地步。高科技本身就是一種美。例如音響在音質上達到最精緻的地步，那就是一種極致完美。

如果到博物館去看商朝的青銅器，你會覺得它的製作過程十分複雜，它的完美到了驚人的地步。

商朝青銅器最大的特徵就是上面繪有很多動物，我們叫做「獸面」。因爲當時一般認爲人類的祖先是從動物來的，所以有時候用牛頭、羊頭來表現對祖先的崇敬。譬如說在中國國家博物館裡，收藏了一尊商朝最有名的青銅器叫做「四羊方尊」。

「尊」，就是裝酒的器皿。喝紅酒的朋友知道，如果要喝比較好的紅酒時，要先醒酒。醒酒就是把要喝的紅酒事先倒在大的玻璃瓶子裡，讓它跟空氣接觸，才能讓香氣完全散發出來。

而商朝也有這種東西，當然它的目的不完全是醒酒。因爲他要把酒放在祖先的供台上，紀念祖先，所以「尊」這個字本身就有「尊敬祖先」的意思。因爲要尊敬祖先，所以要倒一大碗酒放在祭壇上。

因此，祭祖的酒器就不能做得太草率，如果你做得太粗糙就表示對祖先不尊敬，就不能叫做「尊」。所以這裝酒的「尊」，商代的人就把四個羊頭裝飾在上面。羊可能是這個部落的代表，所以用羊頭表示尊敬。如果大家有機會看到這件作品，你眞會歎爲觀止，因爲那四個羊頭是非常精緻的立體雕塑，非常漂亮。我們知道「翻模」的過程，必須做「模」跟「範」。上面的雕刻要精細到非常細膩的程度，最後才可以把這四個羊頭翻模做出來。

我相信我們今天的金屬工業還做不出這麼漂亮的東西。

這就是爲什麼幾千年前商代的青銅器，會讓我們感到非常驚訝。因爲當時的工藝技術竟然可以達到這麼驚人的地步。這裡我們看到的不只是美。美跟藝術都因爲科技而存在。科技的技術不夠，這個藝術品是無法達到更高境界的。所以一個藝術家如果有一個構想，想做出漂亮的公共藝術，但沒有科技的幫忙，這個藝術品還是沒有辦法完美。

因此，「完美」這個詞裡結合了創意與技術。

故宮的鎮館之寶

青銅文化，其實就是一個技術跟美學結合的高峰。科技達到了顚峰以後，美術才有了依靠，也才能成就完美的作品。

全世界收藏亞洲文物的博物館，都有收藏商代的青銅器。因爲商代青銅器在造型上特別漂亮。但是台北的故宮博物院收藏的中國青銅器，最有名的卻都是周朝的青銅器。

大家可能聽過「毛公鼎」和「散氏盤」。這兩件作品被認爲是故宮的鎮館之寶。爲什麼這兩件青銅器是鎮館之寶？

這兩件青銅器，看起來並沒有多好看，反而沒有商朝的四羊方尊這麼華麗、這麼值得矚目。

毛公鼎。國立故宮博物院，台北

然而這兩件文物之所以這麼重要，不是因爲它造型美，而是因爲它裡面有長達五百字的文章，我們稱爲「銘文」。

我們發現商朝的青銅器重視造型，但周朝的青銅器重視把文字鑄在鼎上。它們呈現了兩種不同的美。爲什麼會有這樣的現象？

我們知道周公「制禮作樂」，他強調的是人文層次。而人文的基礎就是文字。因此商代出現文字以後，到了周朝，便將文字提升成爲最重要的文明的基礎。

人類的文明史當中，文字的出現是非常重要的進展。文字出現以後才有歷史。我們所說的「歷史」，是有文字紀錄的時代，而沒有文字紀錄的時代叫做史前時代。

而青銅時代跟文字出現的時代，剛好是同一個時期。

毛公何許人也？

毛公鼎的「公」字說明這是一位封爵很高的人。

事實上，「毛公鼎」的毛家本來地位並不高，他們只是當時的一般大臣，卻是周天子最親近的人。因爲有功於周天子，被封爲「公」。

古代受封成爲公爵，等於是現今國家的授勳大典，這是非常重要的事。而且天子會有很多的賞賜給這個家族，包括土地、奴隸;土地上每一年農產品的收穫，都將歸毛公所管。另外還賜給他很多很多稻穀、麥子、五穀雜糧、紡織品之類的東西。

然而，更重要的賞賜就是「銅」。這有點像我們今天得了一個獎，不管是金鼎獎、金鐘獎、金馬獎，都有一個獎盃或獎牌做紀念。

毛公被封爵，也有點類似得獎。天子賜給他銅，他可以用這些銅來鑄鼎。我們前面提過，鼎就是鍋子，本來是拿來做飯用的。可是這個鼎當然不能拿來做飯，因爲它太尊貴了，是用來紀念的，就像運動選手得到冠軍獎杯，獎杯在希臘時代可能眞用來喝酒，可是現代人不會拿獎杯喝酒，而是放在家裡當作裝飾。

同樣地，毛公鑄的鼎也是拿來當裝飾的，意思在告訴別人：「你看，不錯吧，我們的家族得到了皇帝的賞賜。」爲了讓別人知道得到這個鼎的過程，他們就把得到賞賜的內容鑄在鼎裡。

有機會到台北故宮博物院時，不妨注意一下，這個鼎不要只看外面，因爲外面沒什麼好看的。你要踮起腳來看鼎裡面，會發現有一篇文章在裡面。這篇文章說明了他們的家族如何忠信於皇室，而天子賞賜了些什麼東西。毛公把所有賞賜像列清單一樣全部列在裡面。

文章最後說，我們毛家用天子賜的銅鑄了一個鼎，紀念這個高尚的榮譽。這個鼎變成我們的傳家之寶，希望這個家族的榮譽，可以世世代代傳衍下去。所以鼎裡的文章最後一句寫的是「子子孫孫永寶用」。意思是我們毛家的後代，世世代代都要好好地保存這個鼎，因爲這代表我們家族的顯赫與榮耀，我們不能隨便拋棄。

周朝的青銅器跟商朝最大的不同在於，商朝青銅器以美麗的造型取勝，而周朝則是以鑄刻文字爲特色。

那爲什麼台北故宮博物院有名的青銅器是周朝的？

因爲最早收藏青銅器的學者，比如說清末民初的著名學者王國維，後來待在大陸的學者郭沫若，以及來台的學者董作賓、羅振玉，這四個人都是以研究青銅器上的銘文著名。

關心青銅器造型的人，可能注意它漂不漂亮，於是就把它放在美術史上討論。可是剛才提到的這些人，他們研究的是文字學，他們關心的是文字，所以我們就可以了解，爲什麼商朝的青銅器很多都被外國人買走？因爲外國人不懂文字，他們覺得漂亮就買了。

可是台北故宮博物院留下來的，反而是文字很多的。文字很多的這些青銅器，等於是歷史的紀錄。

散氏盤，古代的停戰契約

「散氏盤」的「散」指的是周朝時，有個叫做「散」的小國。

周朝雖然是一個朝代，有一個周天子，可是他有很多分封的國家，像陳、蔡、齊、魯等等。其中的齊國、魯國當然算是大國了。這些獨立的小國國君都是周天子分封的諸侯，有獨立的政治體制。

散盤。國立故宮博物院，台北

散氏盤的由來，則是因「散」跟「夨」這兩個小國而起。散跟夨，用我們今天的語言來說，類似三芝跟淡水這樣的小地區，這些小地區的行政是獨立的，可是兩個國家的國界始終畫不清楚，經常打仗。後來大家覺得生活不安定，就找了第三國來仲裁。

由於怕國界劃分清楚後口說無憑，所以他們決定用青銅鑄了一個盤子，在盤子上明確註明國界位置，並且說明不能反悔或隨便發動戰爭。有問題的時候就可以把盤子拿出來對證。

這個盤子等於是一份契約。因爲是鑄造在青銅器上的文字，所以也不容易竄改，比如今的法律文件還不容易僞造。毛公鼎、散氏盤記錄了很多文字，這些文字後來受到學者高度的重視，因爲他們可以依據這些文字做爲研究古代歷史的史證。

雖然毛公鼎、散氏盤從美術史的角度來說不一定很美，可是它的「銘文」卻非常重要。因此在周朝的青銅器裡，最重要的已經不是外在造型的美，而是文字在文化上的意義。

文字，是自我意識的符號

文字出現後，人類才有了歷史。當人類沒有歷史的階段，他的記憶沒有辦法眞正累積下來。所以現在人類學家的研究裡發現，許多創造了非常高水準文化的民族，他們的文化只能侷限在很小的範圍中，有的甚至消失了。關鍵就在於它們沒有文字。

現在很多學者研究台灣的原住民文化。我們知道蘭嶼的達悟族，他們有非常了不起的文化，例如音樂、舞蹈以及製作拼板舟的技術，可是達悟族沒有文字。所以我們發現，一個部族的文明，不管發展到多麼高度的狀況，當它文字沒有出現的時候，它很容易被外來的另外一個文化所侵略或者兼併。

文字，是自我意識的符號。漢族就是因文字而強盛。

我們剛剛提到，毛公鼎上的文字和散氏盤上的「金文」，都是鑄造在金屬上的文字。這種文字已經有了完整的發展。文字使人類大腦思維更有依據，所以大家在這裡可以看到幾個古老的文明，像美索不達米亞，埃及、印度，都有自己的古老文字。

可是有些地方的文明，我們知道它古代曾經存在過，也有高度的發展，可惜後來卻消失了，這往往是因爲沒有文字的紀錄。所以文字跟我們的文化有相當密切的關係，因爲我們每一個人都在使用文字。

文字跟語言並不一樣。語言的發展可能比文字要早。譬如《詩經》，《詩經》最早並不是以文字面貌出現，它是民間不識字的老百姓唱的歌謠，後來才被懂得文字的人記錄下來，所以我們今天才看得到這部《詩經》的書面紀錄。假設當時沒有人把這些歌謠記錄下來，這些歌曲可能唱一唱就慢慢消失了。

文字的出現對於一個文明的發展，有絕對的影響力。區分漢字跟漢語的不同，原因在於漢語的組成是非常複雜的。例如在福建省，隔一座山，語言就不一樣了。所以要用語言溝通非常困難。在台灣也有很多不同的民族和語言，彼此之間要用語言溝通往往是有難度的。

最後我們發現，漢語的複雜性剛好成全了漢字的統一性。

我不知道散氏盤裡面，散跟夨這兩個國家的語言是不是一樣，可是至少我們看到散氏盤上面的文字是一致的。如果他們用這種文字做爲契約上的文字，表示當時這兩個國家都認同這個文字。我希望大家了解，在古代的文明史裡面，文字扮演了很重要的角色。

埃及的古文明，由於尼羅河長達五、六千公里，上埃及、下埃及之間可能也很難溝通。文字卻是可以溝通的。它們把文字刻在塔、碑上面，使得上埃及、下埃及，在文化上可以統一。所以，任何語言當它以文字出現時，這個文明就可以傳承很久。

甲骨文重現了商朝，那段被遺忘的時光

但是毛公鼎、散氏盤上的金文，並不是中國最早的文字。在周朝之前，已經有甲骨文了。甲骨文是商朝人刻在牛骨跟龜甲上的文字。這是近代最重要的考古遺址。

清朝的時候，各個地方出土了很多龜板，龜板就是烏龜的腹甲，因爲這部分很平坦，可以拿來刻字。另外還有牛的肩胛骨，也是比較扁平的地方，在上面也發現了文字的痕跡。

當時龜板和牛骨大量從地底下被挖出來，老百姓也不知道這個是什麼東西，有人就把這些東西賣到中藥店當藥材。後來清朝有個人叫做劉鶚，他就是《老殘遊記》的作者。劉鶚發現這上面的痕跡好像是古文字，於是他就蒐集了很多龜板跟牛骨，慢慢整理，並且把上面的文字臨摹下來，編了一本書叫《鐵雲藏龜》。他當時對這東西還不太了解。一直要到更晚一代的王國維、羅振玉，還有來到台灣的董作賓這些人，才揭開甲骨文之謎。

甲骨文是商朝人的卜辭。商朝人非常迷信，他們做任何一件事情之前，都要禱告和占卜。例如今天要過河，因爲過河的過程可能很順利，但也可能會淹死，所以他們就把問題刻在龜甲或牛

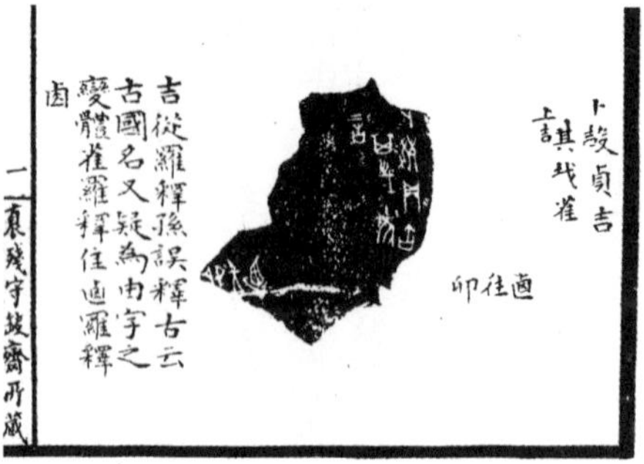

劉鶚著《鐵雲藏龜》

的肩胛骨上，用硬的東西鑽一個孔之後，用火在上面烤。火一烤，骨頭、龜甲就會沿著洞口裂開；我們今天寫的「卜」這個字，就是裂開後的長紋跟短紋。所以「卜」這個字是一個象形字，商朝人就憑藉著裂開的紋路長短來判斷吉凶。

「今天該不該過河？」先人用類似我們算命看掌紋一樣去判斷。所有的甲骨文，都是算命的文字，我們也稱為「卜」文，就是卜卦的文字。

藉由甲骨文，我們看見了商朝人哪一天想要過河？什麼時候要打仗？哪一天發生日蝕？哪一天地震了？

這些文字變成非常重要的史料。有了文字，才有歷史。人類的文明也因此跨越到另一個層次。有了實際的文字，讓今天的我們可以重現那段被遺忘的時光。

第十四講

美是心靈的覺醒

黃昏時刻，我們面對夕陽，

看到每分每秒燦爛的變化，

在這個燦爛的夏季，白天陽光豔麗。

但是白日將盡，他要把生命裡最燦美的部分，

在入夜之前，做最美的綻放。

美，是心靈的愉悅

人類五種感官的活動，構成了「美學」。

「美學」在人類所有文明中，是年輕的一門學科，大概在十六世紀才開始興起。十八世紀時，德國的柏嘉頓（Alexander Gottlieb Baumgarten）提出了「aesthetics」這個字，我們把它翻譯成「感覺學」。

「感覺學」就是探討感覺的學問。

我們的身體有很多感官，可以看見事物、聽到聲音、聞到氣味、摸觸到不同物質。爲什麼要探討感覺？最主要是因爲，在我們感覺的世界裡，存在著喜歡和不喜歡的問題。例如我們聞到花香的時候，你會忍不住一直想聞，因此有了許多「感覺」。人都非常渴望可以聞到舒服的味道，那是一種嗅覺上的快樂。可是有一些氣味，會讓人覺得很不舒服，像嘔吐物的味道，會讓你掩蓋著鼻子匆匆走過。感覺學就是要探討爲什麼有些氣味會令人喜歡，有些氣味卻令人厭惡。

照理說，感覺是中性的，應該沒有所謂好或不好，或者美或不美的問題。可是我們卻會特別喜歡某些東西，這就與我們的心靈活動有關。

舉個簡單的例子，大自然有黎明、有黃昏，很多人會特地在某一個季節到高山上，找個視野最好的地方等待日出。即使天氣冷得不得了，必須包著棉被、穿著厚厚的衣服，但我們卻寧願半夜不睡覺，只爲了等待黎明瞬間。

因爲當黎明的曙光從山上躍出，那種朝氣蓬勃的日出之美，讓我們感覺非常興奮，那種心靈的愉悅，很難用筆墨形容。

日出是美。另外，我想大家也有一個記憶，夏天的傍晚，我們會到碼頭看落日。我們看到夕陽剎那之間的變化燦爛到了極點，給了我們很大很大的震撼，所以我們說夕陽很美。

德國哲學家黑格爾（Georg Wilhelm Friedrich Hegel）在《美學講演錄》這本書裡提到：大自然本身，包括黎明、黃昏，其實並沒有美醜的問題。

他提出這個論點，警醒了我們，爲什麼我們會覺得黎明很美、黃昏很美？

黑格爾用客觀的角度去探討美的根源。他認爲日出、日落只是自然現象，本身並沒有美醜。日出、日落之所以美，是我們看黎明與黃昏的時候，喚起了生命裡的某種感嘆：從看日出的過程裡，我們感覺到蒸蒸日上的朝氣，感覺到生命的活潑，感覺到從絕望黑夜進入到希望黎明的柳暗花明。

我們看到的是自己的生命，不只是黎明。我們把自己期待生命美好的渴望，投射在黎明上。

夕陽——綻放生命中最燦美的笑容

一對戀愛中的男女去看夕陽，女孩子看到黃昏覺得好美，陶醉在夕陽無限好的情境之中。但是如果這個男生剛好是學理工的，可能會煞風景地說，美到底在哪裡？你告訴我，美在哪裡？如果你是這個女孩，你一方面不想回答這個問題，另一方面也覺得所有美的感受被潑了一盆冷水。

美景當前，我們陶醉其中，可是這個時候我們不擅於用理智去分析。所以用理智研究美學，其實是一種潑冷水的過程。有時候我不忍心跟年輕人談美學，因爲美學其實是一種殘酷的分析。

我在大學裡講黑格爾、康德對美學的分析的時候，學生卻不斷注意到春天來臨，教室外一片燦爛的花海，他陶醉在窗外的一片美景之中。這個時候我很矛盾，因爲我不知道要不要警醒他，告訴他說：「你在上美學課，你應該注意黑格爾對美的分析。」

還是應該鼓勵他繼續陶醉在豐沛的美感裡？

美跟美學並不一樣。如果美是一個美麗的女子的身體，美學就是一把殘酷的解剖刀。美學會把這個美麗的、令人陶醉的胴體，解剖得血淋淋。經過一番透視解剖，本來你覺得美的東西，可能就變得不美了。

美學存在的意義在於藉由分析，能對自己的感官有更深一層的了解。它幫助我們用分析的方法，重新理解人與美的關係。因爲我們一旦陶醉其中，就沒有能力去分析了。

黃昏時刻，我們面對夕陽，看到每分每秒燦爛的變化。在這個燦爛的夏季，白天陽光豔麗，但是它不甘心白日將盡，它要把生命裡面最燦美的部分，在入夜之前，做最美的一次綻放。所以我們看夕陽，其實也在看自己的生命。

我們知道生命短暫，在生命之前有死亡等待著我們。可是我們渴望在結束之前，能夠讓自己的生命像夕陽一樣，華美地綻放一次。所以這個時候我們看到夕陽，同時也是看見自己潛意識裡，希望能綻放燦爛的渴求。

喜怒不形於色的東方哲學

「美」非常奇怪，它經由感官，可是它不鼓勵你停留在感官。

我們剛才提到黎明，提到黃昏，我們經由眼睛看到了黎明的光芒，經由視覺感受到了夕陽的燦美。

可是在美學的探討中，我們認爲這種快樂不只是視覺上的快感。相反地，黎明的曙光、夕陽的燦爛，回應了我們性靈的狀態。它撞擊了我們的心靈，讓我們的心靈感受到前所未有的震撼，我們的性靈因此有了更高的提昇，化爲永恆的美。

很多人在燦爛的夕陽前熱淚盈眶，但我們爲什麼會爲了夕陽而哭？我們熱賑盈眶，因爲事物觸碰到心中最深的某一種感受。我們對生命的期待、渴望，在這個時候都發生了。

所以「美」是個難以形容的字。我們不知道爲什麼美會讓人感到震撼，爲什麼整個心靈被充滿。

我看過好多朋友偶然離開了城市、離開了光害，到了郊外高山上，看到滿天的繁星，在驚呼之後淚如雨下。他也不知道爲什麼當他看到滿天的繁星會哭起來。大自然的某些景象往往讓你覺得，自己生命裡面有某種東西在跟宇宙對話，好像自己從來沒有過的，被「充滿」的感覺。

我用「充滿」這個詞是說，其實我們的感官好像一種容器，當它空的時候是非常寂寞跟孤獨的狀態。可是如果它被充滿的時候，卻有一種飽滿的、滿溢的快樂。

熱淚盈眶其實就是「心靈滿溢」的狀態。但我們很難去分析它，因爲我們不習慣這種處境。長期以來，因爲害羞的關係，我們會覺得「熱淚盈眶」是青少年時期才有的輕狂浪漫。

青少年的時期我們很容易動情，可是到長大以後，我們常常告訴自己：我們是理智的，我們不應該讓自己的情感隨便流露。

譬如《中庸》說：「喜怒哀樂之未發，謂之中。」意思是指你的喜悅、憤怒、憂傷、快樂，都不要表露出來，這就是中庸之道。

這是一門偉大的哲學。可是有時候我會反問自己，如果一個人的生命，他所有的喜怒哀樂，從來都不能流露，這個生命會變成怎麼樣的狀態？如果一個人總是讓人不知道他究竟是快樂還是不快樂，當他看到一片盛開花海、滿天繁星，也許激動，可是卻壓抑住他的情感，這會是怎樣的生命情境？

儒家重視人類的情緒，希望不要太過氾濫，所以主張節制。可是我擔心，在這樣的文化裡，一個人的感情長期被壓抑，到最後變成不習慣表現。那麼最後他的快樂不能跟別人分享，他的憂傷也不能跟別人一起分擔。

我有個講話很直的西方朋友會對我說：「每次看你們東方人的臉，總覺得你們好像面無表情。」

我覺得這有點侮辱東方人。於是我問他：「你是什麼意思？我們當然也有喜、怒、哀、樂啊！」

他說：「我不是這個意思，我的意思是說，西方人對情感的表達比較直接。我們快樂、憂傷比較形於色，總是會直接表現出來。」

在東方，我們傳統上往往認爲「含蓄」、「內斂」才是好的。於是我們節制感情、收斂感情。可是我擔心的是，社會的禮教，是否在不知不覺中，把我們所有的情緒都壓抑了？

輕狂少年，冷漠長大

成人的世界裡，有一種恐怖。那個恐怖是：你感覺不到情緒。

我很希望在大人的世界裡面聽到「唉呀！那個夕陽好美！」或者是「啊！我看到海了！」有時候我們坐遊覽車旅行，當車子轉個彎，大片的藍色的海洋跳到你眼前，你會忍不住驚呼出來。可是當我們擁有社會某個階層、某個身分時，我們卻不敢表現。這種「不敢表現」的文化長期累積以後，就變成一種生命的遺憾。

那種「遺憾」是我特別想要說明的。因爲美是一種分享，美是世界上最奇特的一種財富，愈被分享就擁有愈多。

在一個能分享美的氛圍裡，你會感覺到一種很滿足的快樂。因爲經由別人的驚呼，你看到了滿天繁星；經由別人陶醉的呢喃，你看到了夕陽；經由別人的歡唱，你看到了花的開放——美是可以被感染的。

也許在現實生活裡，我們有時候忽略了美在教育上的重要性。然後慢慢地大家愈來愈不覺得，美感的培養是這麼重要的一件事，所以人變得害羞。我說「害羞」的意思，表示我相信美的種子還在人的心裡面，只是被社會現實掩蓋了。

有一次我跟一些四、五十歲的老師、校長們談美。我問他們：「你們這一生當中，寫過詩給別人，或曾在日記裡面偷偷寫過詩的朋友舉手。」

我發現每個人都舉手了。然後我問：「你們是什麼時候寫詩的？」他們就笑起來了說：「大概是在十五、六歲吧，第一次談戀愛，愛上一個人，可能寫在日記裡，而那首詩也從來沒有寄出去過。」二十幾歲之後，他們再也不敢去碰詩了。因爲詩跟成人的世界，好像是無關的。

美轉圜了人間紛擾

但是中國有一個朝代，大家都在寫詩，大家都用詩表現自己對生命的熱情，那就是唐朝。我們很難想像一個時代，所有的語言、文字都變成了詩。考試也考詩，在官場上也都用詩對話。

唐代有個故事是這樣的：

一個大官的轎子，跟一個騎馬的人撞在一起。這個大官非常生氣，覺得這個人怎麼搞的，不守交通規則，撞到我的轎子。

這個人就說：「對不起，對不起，因爲我在想一首詩。想著想著，就有點迷糊了，撞到了你的轎子。」

大官就很興奮地問：「你在作什麼詩啊？」

這個人就說：「有一個句子我一直不能決定，應該要用『僧推月下門』還是『僧敲月下門』？安靜的月夜，和尚要推開廟宇的門，照理講和尚回到自己的廟裡，因爲沒有人替他開門，所以不應該敲門。而門有重量，所以要用推比較合適。可是我又覺得敲這個字在聲音上比較輕巧，因此用敲字的話，在畫面上顯得四周聲音更寧靜。所以我無法決定到底用推還是敲。」

這個故事就是「推敲」的來源。而故事中的人物，大官就是當時的大詩人韓愈，騎馬的人就是年輕詩人賈島。

每次我讀到這個故事都很有感觸。我們居住的城市常常有車禍，但我們很難想像，車禍發生以後兩個人要下來解決問題，竟然談起詩來了。

韓愈跟賈島之間的對話，讓我們感覺到，生活裡如果多了「詩」這個元素，能把很多的爭吵、對立、衝突，變成美好的轉圜過程。打開收音機、打開電視或者拿起電話，你會聽到聲音、你會聽到語言，然後你會想：語言跟詩的差別到底是什麼？

如何在現實生活中，還有聽見美好聲音的可能？「僧推月下門」或者「僧敲月下門」，讓我們腦中浮現了一個畫面，如果能常常思考這樣的畫面，我們不會急躁、不會慌張、不會焦慮，反而多了從容自在。

沒有目的的快樂

美，關心的是心靈的問題，而不是感官的問題。眞正的美，並不在感官本身。

德國哲學家康德（Immanuel Kant）有一句對美的定義非常重要的話：「美是一種無目的的快樂。」他的意思是說，美具有一種快樂，可是它不是功能性的，也不是功利性的。

舉例來說，如果我們很餓的時候，爲了要吃飽而吃東西，那這時候的味覺不會是美的味覺。可是如果我們並不是處在飢餓的狀態，那我們就能去「品嘗」美味的料理。「品」這個字雖然是指味覺，可是卻是高一點的味覺層次。品的意思不是以吃飽爲目的，而是去「感覺」味覺的美好。康德認爲所有「有目的性」的事情，都很難有美。

人與人的相處也是如此。當你面對一個人，如果你只把對方當成利用的工具，例如售票員、服務生、醫生，那你很少會發現他的美。可是如果你覺得對方是一個獨立存在的生命，你便有了一種欣賞的情調，他就有了美的可能。

因此康德提醒我們，活在現實生活中，若我們的所作所爲都考量到「目的」的時候，我們就喪失了美的可能性。例如有人邀你去看夕陽，你說看夕陽對我的現實生活有什麼幫助？我可以吃飽嗎？我可以賺到錢嗎？如果你總是這樣斤斤計較，夕陽的美一定不存在。

康德對近代美學的影響之大，是因爲他很清楚地在已知的美學上，把「快感」跟「美感」分開。他還告訴我們，所有的快感，只能刺激你的官能，這叫做過癮。快感並不等於美感，因爲美感不只停留在器官本身的刺激，而是提升到心靈的狀態。

吃麻辣火鍋的時候，我們有「麻」的刺激、有「辣」的刺激，這種感官的刺激很強烈。以康德的說法來分類，這是一種快感。可是如果我們聽巴哈的「無伴奏大提琴組曲」，我們在音樂上得到了心靈的滿足，它沒有任何器官上的強烈刺激。音樂通過我們的聽覺，雖然也是一種感官，可是最後我們被充滿的不是器官，而是心靈。這就是美感。

在音樂會或者舞蹈表演裡感到的美好，會讓你覺得心靈被充滿。這個狀態是麻辣火鍋這種次級感官的東西所達不到的。所以，無論我們吃到再好吃的食物，無論我們在感官上怎麼去刺激，你都不太容易有熱淚盈眶的感覺。

熱淚盈眶不一定是哭，可能是一種喜悅滿盈。在人生中，當感受到心情的溫暖、事物的美好時，你會忍不住想要哭，但它跟平常悲哀的哭是不同的。那種滿足的流淚，就是「喜極而泣」。正是讀到一首好詩、聽到一曲好歌，我們的心靈會被充滿，我們會流淚。

研究美學的第一個要件，就是區分「快感」與「美感」的不同。一定要把快感跟美感分別開來，我們才會發現美感是更高的精神層次活動，而快感卻只是停留在身體表面的刺激而已。

我們的視覺，可以藉由很多強烈的東西被刺激，例如色情、暴力電影，可是最後我們並沒有得到心靈的滿足。觸覺更是如此，譬如「性」。性是非常觸覺的經驗，性的感官刺激很強烈，近於一種快感，也近於一種發洩，可是最後並不見得能夠得到心靈的滿足。甚至這種過度的官能刺激，最後反而讓心靈變得非常空虛。

當感官的主人，而不是感官的奴隸

在探討官能之後，收尾的部分希望能夠跟大家一起進入另外一個不同的領域——心靈的領域。

人類器官所發出的快樂，不一定是負面的。因此讓感官被壓抑、受節制，或者忍受很多難熬的戒律，並不是美的正常發展。相反地，我們應該讓孩子從童年到青少年這段最敏感的時期，給予他很多很多身體感官上的引導。

譬如說帶他去爬山，讓他去聽風的聲音、流水的聲音，讓他的聽覺裡面有豐富的記憶。讓他去看黎明、看黃昏，讓他視覺上感覺到色彩上的華麗。他的心靈整個被充滿以後，有一天他不會滿足於官能上低等的滿足。低等並不全然是貶意，而是動物性的官能，基本上都是有目的性。

我們說「口腹之慾」，就是帶有目的性的。在動物的世界裡面，雌性的動物分泌一些氣味的時候，雄性的動物就會有生殖的慾望，這些慾望都是被官能操控的。因此，如果味覺全部是爲了吃飽，觸覺、嗅覺也全是是爲了性，那就只是低等的滿足。

人類不是這樣。

我們知道人之所以被稱爲「靈長類」，是因爲靈這個字指的是心靈的狀態。我們知道人被稱爲高等動物，表示他雖然還有動物性，可是不只停留在動物階層。所以，如果人只滿足於動物性低等的官能刺激，那麼人類就沒有文明可言，也沒有美可言。

因此，對孩子，尤其是青少年的官能發展，如果不用美去滿足，他的發展就會停留在追求短暫的官能快感上。這種快感通常是性，或者毒品。這種快樂很明顯，因爲它很快速。經由毒品，很快讓身體發生複雜的變化，他覺得這個就是快樂。一旦快感變成不斷的、重複的刺激以後，就變成了「癮」。所有的「癮」，都是很難戒掉的。它很難提昇成心靈的狀態，因爲他的行爲已被官能操控。

他不再是器官的主人，而是器官的奴隸。

做爲一個老師，如果跟正在發育的學生比較熟的話，就會知道學生在生理上的苦悶。我們應該去了解青少年壓抑不住的痛苦，不只是反對官能上的刺激，而是讓他能夠擴大、提升感官的刺激到精神層次。

我們可以鼓勵青少年創作音樂、繪畫，甚至帶他去爬山，讓他跳舞。讓孩子去跳街舞，他能在街舞裡面得到身體完成高難度動作的成就。或者讓他玩滑板，他可能會在滑板的世界中找到屬於自己挑戰難度的快樂。那麼他在心靈層次所獲得的滿足，是低等的快樂所無法取代的。

如果讓他一再地耽溺在官能上的刺激，到最後這種快樂就會變得「無以自拔」。無以自拔的狀態絕對不是美感。被感官驅使，會變得不快樂。當自己想要拒絕、想要逃避這種循環時，卻已經逃不出來了。

這種狀態其實是生命的困境，也是自古以來，人類的文明試圖想要去解決的。

我們一再強調，人之所以爲人的原因，表示他不應該只停留在低等動物的狀態。但要拿捏這種狀態非常困難。我們一方面不希望我們的社會太過壓抑、節制感官發展與享受。可是同時我們也希望，我們的年輕人不要只耽溺在感官的刺激裡。因此我們一邊看到了清教徒式的嚴格壓抑，另外一邊又看到感官的氾濫，但這兩種都不是美。

美，究竟是什麼？美有一點像走在鋼索上的人，兩邊都是陷阱，他要保持在鋼索上的平衡。美是平衡，是感性跟理性的平衡，也是快感與美感的平衡。

當你談到心靈，別人覺得就是跟感官對立。剛好相反地，我覺得，美要達到心靈狀態是開始於感官的。如果人沒有看過夕陽、沒有聽過浪濤、沒有觸摸過芳草，或是沒有踩踏過柔軟的海灘，我相信人類不會有心靈上的提昇。因此，感官絕對是重要的開始。

我們應該要從年輕時就開始培養感官豐富的感受。可是最後不要僅止於感官，而是能夠讓自己的生命從感官提昇到更高的心靈狀態。這種狀態是美，也是愛。它可以跟很多很多人分享，而且愈分享愈多。我常說，快樂的時候要跟別人一起分享，憂傷的時候要跟別人一起分擔。如果把自己的生活封鎖，隱藏自己感官的刺激，那將會是一個非常痛苦的狀態。那樣的寂寞，遲早會讓自己走向絕望之路。

美應該是一種心靈的綻放，應該是可以毫無羞怯的。

把你的笑容、你的淚水與別人一起分享，才是真正的美的意義。

美的曙光

看世界的方法 288

作者　蔣　勳
文字整理　呂怡秀
封面設計　吳佳璘
責任編輯　林煜幃

攝影提供
shutterstock：40, 55, 121, 130, 193, 197, 208, 217；達志影像：165；國立故宮博物院：228, 232；台北市文獻委員會：101, 104；車軒：161；謝旺霖：111；林煜幃：173, 175；其餘圖片由有鹿文化、楊智明、王濰深等人提供。

發行人兼社長　許悔之
總編輯　林煜幃
設計總監　吳佳璘
企劃主編　蔡旻潔
行政主任　陳芃妤
編輯　羅凱瀚

藝術總監　黃寶萍
策略顧問　黃惠美．郭旭原
郭思敏．郭孟君．劉冠吟
顧問　施昇輝．宇文正
林志隆．張佳雯
法律顧問　國際通商法律事務所
邵瓊慧律師

出版　有鹿文化事業有限公司｜台北市大安區信義路三段106號10樓之4
T. 02-2700-8388｜F. 02-2700-8178｜www.uniqueroute.com
M. service@uniqueroute.com

製版印刷　沐春行銷創意有限公司

總經銷　紅螞蟻圖書有限公司｜台北市內湖區舊宗路二段121巷19號
T. 02-2795-3656｜F. 02-2795-4100｜www.e-redant.com

ISBN　978-626-7603-33-8
二版第一次印行　2025年6月
定價　400元

《美的曙光》初版：2009年7月／《新編美的曙光》初版：2012年6月

美的曙光 / 蔣勳著 —二版．— 臺北市：有鹿文化事業有限公司，2025.06．256面；14.8×21公分 —
（看世界的方法；288）ISBN 978-626-7603-33-8（平裝）　713　114007513
1. 文明史　2. 美學　3. 藝術　4. 通俗作品

書衣｜絲紋紙（粉紅）215g
書腰｜絲紋紙（粉紅）100g
內封｜灰紙板 8oz
內頁｜嵩厚劃刊 76g

讀者線上回函　更多有鹿文化訊息